Beck'sche Reihe
BsR 462

W0245322

Immer wieder gibt es Berichte über die Entführung von Menschen durch Ufo-Besatzungen. Häufig sprechen die Entführten von schmerzhaften medizinischen Untersuchungen, die an ihnen vorgenommen wurden, einige wollen Gast auf fernen Gestirnen gewesen sein, manche Frauen glauben sich von den Außerirdischen schwanger. All dies sind Berichte über Begegnungen der vierten Art.

Manchmal tauchen Fotografien von Ufos auf, deren Echtheit von der Gemeinde der Ufo-Gläubigen nicht bezweifelt wird. Die Außerirdischen selbst jedoch scheinen die Kameras zu scheuen: Sie erscheinen nur auf Zeichnungen, die von den Entführten aus dem Gedächtnis gefertigt wurden.

Den Menschen, die Begegnungen der vierten Art erlebt haben, ist das Gefühl des Auserwähltseins gemeinsam, häufig verbunden mit starker religiöser Aktivität. Die Entführung selbst ist dann so etwas wie der Initiationsritus für höhere Weihen.

Und hier könnte auch der Schlüssel für eine Deutung liegen: Begegnungen der vierten Art sind Ausdruck neuer Formen des Glaubens im technischen Zeitalter, in dem an die Stelle eines deus ex machina die Ankunft von Außerirdischen in ihren Flugmaschinen getreten ist.

Ulrich Magin, geb. 1962, ist Diplom-Dolmetscher. Seit vielen Jahren beschäftigt er sich mit dem Ufo-Phänomen und hat darüber in den meisten nationalen und internationalen Fachzeitschriften publiziert.

ULRICH MAGIN

Von Ufos entführt

*Unheimliche Begegnungen
der vierten Art*

VERLAG C.H.BECK MÜNCHEN

Mit 20 Abbildungen

Die Deutsche Bibliothek – CIP-Einheitsaufnahme

Magin, Ulrich:
Von Ufos entführt : Unheimliche Begegnung der vierten
Art / Ulrich Magin. – Orig.-Ausg. – München : Beck, 1991
    (Beck'sche Reihe ; 462)
    ISBN 3 406 34054 7
NE: GT

Originalausgabe
ISBN 3 406 34054 7

Einbandentwurf und Umschlagbild von Uwe Göbel, München
© C.H.Beck'sche Verlagsbuchhandlung (Oscar Beck), München 1991
Gesamtherstellung: C.H.Beck'sche Buchdruckerei, Nördlingen
Printed in Germany

Inhalt

Als Elija so weit gekommen war, ließ er sich nieder und sprach: „Nun ist es genug, Jahwe! Nimm meine Seele hin!" Dann legte er sich hin und schlief ein. Da, auf einmal rührte ihn ein Engel an und sprach zu ihm: „Steh auf, iß!" Als er hinblickte, siehe, da war zu seinen Häupten ein gerösteter Fladen und ein Krug Wasser. Und er aß und trank und legte sich wieder schlafen.

1. Buch der Könige 19: 14–6

Einer der Ufo-Piloten hielt einen Eimer und bat Joe Simenton durch Gesten um Wasser. Simenton füllte den Eimer mit Pumpenwasser und gab ihn dem schweigsamen Mann zurück. In der Untertasse arbeitete ein Mann an einer Art Herd. Daneben lag ein Stapel Pfannkuchen. Simenton deutete auf die Pfannkuchen, der Mann mit dem Eimer holte welche und gab ihm vier. Joe Simenton stand mit weit aufgerissenem Mund da, vier warme Pfannkuchen in der Hand, als das Ufo davonflog. *Ufo-Bericht, Keel 1973: 176*

1. Was ist ein Ufo?

Seit der amerikanische Pilot Kenneth Arnold am 24. Juni 1947 neun ungewöhnliche fliegende Scheiben über dem Mount Ranier im US-Bundesstaat Washington beobachtete und ein findiger Journalist den Begriff „fliegende Untertassen" schuf, hat das Rätselraten um diese Phantome des Himmels nie mehr aufgehört.

Heute wird allgemein der Begriff Ufo benutzt, eine Abkürzung aus dem Jargon der amerikanischen Luftwaffe, die „unidentified flying object", also unidentifiziertes fliegendes Objekt, bedeutet und ein Flugobjekt bezeichnet, das zum Zeitpunkt der Sichtung zwar nicht identifiziert werden konnte, nach reichlicher Untersuchung aber einer natürlichen Ursache zugeordnet werden kann. Denn die amerikanische Luftwaffe stellte im Laufe ihrer offiziellen Untersuchung der vielen tausend gemeldeten Sichtungen recht schnell fest, daß zwischen 90 und 99 Prozent der gemeldeten Beobachtungen auf längst bekannte Ursachen zurückzuführen waren – z. B. Meteore, Nordlichter, Vogelschwärme, hochfliegende Flugzeuge, Helikopter und Ballone oder einfache optische Täuschungen und, wenn auch in geringem Maße, Betrügereien und Schwindel.

Nach der Untersuchung vieler zehntausend Sichtungen sind Ufo-Forscher fast überall in der Welt zu dem Schluß gekommen, daß nur ein verschwindend kleiner Teil der Beobachtungen tatsächlich etwas der Wissenschaft Unbekanntes beschreibt. Aus irgendeinem Grund scheinen die Menschen am Himmel Dinge zu sehen, die in dieser Form gar nicht dort sind.

Eine kurze Begriffserklärung wird das deutlich machen. Obwohl man gerne von Ufo-Sichtungen spricht, die untersucht worden sind, kann natürlich niemand eine Sichtung untersuchen, wenn er nicht selbst anwesend ist. Ufo-Forscher machen denn auch die feine Unterscheidung zwischen dem Ufo-Ereignis, dem Ufo-Erlebnis und dem Ufo-Bericht.

Das Ufo-Ereignis ist das, was tatsächlich am Himmel, am Boden oder im Wasser vorgeht. Das mag etwas Ungewöhnliches sein, doch meist ist der Stimulus – der Auslöser der Sichtung – ein alltägliches Objekt, das unter ungewöhnlichen Umständen beobachtet und deshalb als außergewöhnlich wahrgenommen wird.

Der oder die Zeugen bemerken das Ufo-Ereignis und nehmen es wahr. Diese Wahrnehmung ist das Ufo-Erlebnis. Die Erlebnisse können sehr komplex sein, auch wenn der Stimulus selbst sehr alltäglich war. Bei einem Fall beobachteten zwei ältere Frauen in England stundenlang den Vollmond und deuteten ihn als silbernes Raumschiff mit Bullaugen. Schlechte Sicht, ungewöhnliche atmosphärische Verhältnisse oder ungewöhnliche psychologische Erwartungen und Hoffnungen auf der Seite der

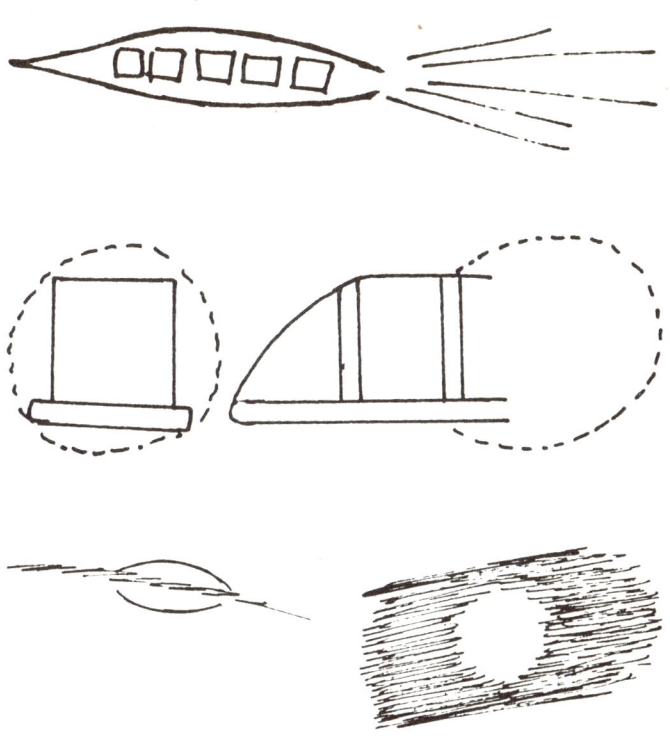

Abb. 1: Drei Skizzen von Zeugen, die Meteore beobachteten und für Ufos hielten. Die Beobachtungen fanden am 24. Juli 1948 (oben), 23. September 1986 (Mitte) und 2. Februar 1988 (unten) statt.

Zeugen können dafür verantwortlich sein, daß aus dem objektiven Ufo-Ereignis ein sehr subjektives Ufo-Erlebnis wird.

Sobald der Zeuge das Erlebte beschreibt, verwandelt sich das Erlebnis in einen Bericht. Dieser Bericht gibt, da die meisten Menschen nicht gerade Schriftsteller sind, das Erlebnis mindestens ebenso verzerrt wieder, wie das Erlebnis das Ereignis spiegelt. Was bei dem Erlebnis selbst noch reine Mutmaßung gewesen sein mag, erhält durch den Bericht eine Aura von Gewißheit: Da mag der Zeuge vage Lichter gesehen und für Fenster

9

gehalten haben, doch im Bericht steht Bullauge – und schon hat sich ein eventuell alltäglicher Stimulus in ein Raumschiff vom anderen Stern verwandelt.

Ein Zeuge mag etwa einen Meteoriten sehen, der in mehrere Teile zerplatzt ist. Das Ereignis ist so nichts Ungewöhnliches, doch ein Zeuge mag, vielleicht aufgrund von Presseberichten in der Zeitung, nach denen in der Gegend Ufos gesehen worden sind, den Meteoriten für etwas Außerordentliches halten. Natürlich sieht er kein Raumschiff, doch er wird die Lichter für eine Reihe von Bullaugen halten und das Raumschiff darum herum durch seine Kreativität selbst erschaffen. Und in seinem Bericht wird er schreiben, er habe einen raketenähnlichen, unbekannten Flugkörper mit einer Reihe leuchtender Fenster beobachtet.

Diese doppelte Verzerrung der Realität durch den Ufo-Zeugen (und mögliche weitere durch die Forscher, die die jeweilige Beobachtung in ihre eigene Terminologie übertragen) muß man stets vor Augen haben, wenn man eine Sichtung beurteilen will. Die simple Gleichsetzung von Ufo-Bericht und Ereignis, oder eben von kulturell verarbeiteter Erzählung und Wirklichkeit, ist vollkommen ungeeignet, wenn man das durchaus rätselhafte Ufo-Phänomen verstehen will.

Um all diese Probleme zu umgehen, hat der amerikanische Astronom J. Allen Hynek Anfang der siebziger Jahre eine Klassifikation der Ufo-Berichte entworfen, die heute allgemein anerkannt wird. „Vor einigen Jahren", schrieb Hynek im Jahr 1978,[1] „habe ich ein einfaches Einteilungssystem entworfen, das allein auf dem als beobachtet Gemeldeten beruhte und nicht auf irgendeiner vorgefaßten Vorstellung davon, was die eigentliche Natur der UFOs sein könnte. (...) Es ist wichtig, daß dieses einfache Einteilungssystem in sich keine Andeutung einer UFO-Theorie enthält, weder zu ihrem Ursprung noch zu ihrer Natur. Es unterscheidet einfach die vielen Arten der Wahrnehmung von UFOs und nicht das, was wahrgenommen wird. Dieselbe Einteilung gilt, ob UFOs wahrhaftig eine objektive physikalische Realität sind, oder ob sie sich als etwas völlig anderes erweisen".

Abb. 2: Zeichnung von Mona Stafford, die berichtete, von diesem Raumschiff im Jahr 1976 in Kentucky entführt worden zu sein.

Zuerst teilt Hynek die aus einiger Entfernung gesichteten Ufos in drei Klassen ein:

Die *Nachtlichter* (Nightlights): Sehr fremdartige helle Objekte, Lichter und Formen, die nachts gesehen werden und deren Verhalten scheinbar auf etwas Fremdartiges hinweist. Nachtlichter werden kurz als NL bezeichnet.

Die *Tageslichtscheiben* (Daylight-Discs): Objekte, hauptsächlich, aber nicht nur, silbrige Scheiben, die am Tage beobachtet werden. Man kürzt sie DD ab.

Radar-Visuelle Sichtungen (RV): Dabei handelt es sich um Nachtlichter oder Tageslichtscheiben, die gleichzeitig mit dem Auge wahrgenommen und per Radar erfaßt werden.

Falls der Zeuge der Überzeugung ist, er sei dem Ufo näher als einhundert Meter gekommen, spricht Hynek von „Close Encounters", Nahbeobachtungen bzw. Nahbegegnungen. Bei uns ist diese Kategorie durch den Titel von Steven Spielbergs Film als „unheimliche Begegnungen" bekannt geworden. Diese reißerische Übersetzung wird dem nüchternen Hynekschen System zwar nicht gerecht, ist aber inzwischen so eingebürgert, daß sie auch hier verwendet werden soll. Daß ein Zeuge vermutet, er sei einem Ufo nahe gekommen, bedeutet natürlich nicht, daß er dem Stimulus tatsächlich so nahe gekommen ist. Man kennt nahe Begegnungen, die durch den sehr fernen Planeten Venus ausgelöst worden sind. Offenbar kommen nahe Begegnungen dann zustande, wenn ein Stimulus, der genausogut eine Fernbeobachtung erzeugen könnte, vom Beobachter grob verzerrt wahrgenommen wird. Danach gilt folgende Einteilung:

Nahe Begegnungen der ersten Art (Close Encounters of the First Kind, abgekürzt CE I) sind Sichtungen, bei denen das Ufo in einer Entfernung von weniger als hundert Metern wahrgenommen wird, ohne daß etwas Besonderes geschieht.

Bei *Nahen Begegnungen der zweiten Art* (Close Encounters of the Second Kind, CE II) sind angeblich Spuren des Ufo-Ereignisses in der Umwelt zurückgelassen worden: ein Kreis niedergedrückter Vegetation, Löcher im Erdreich etc., oder das Ufo interagiert mit der Umgebung: ein Automotor stoppt, das Fernsehbild flimmert, Strom fällt aus, Tiere werden unruhig.

Bei *Nahen Begegnungen bzw. Unheimlichen Begegnungen der dritten Art* (Close Encounters of the Third Kind, CE III) werden in, bei oder auf dem Ufo oder in sinnvollem Zusammenhang mit einem Ufo Lebewesen beobachtet, die seine Piloten sein könnten. Diese Wesen sind praktisch immer menschenähnlich. In den seltensten Fällen wird von Robotern berichtet. Außerirdische Monstren, wie sie in der Science Fiction geschildert wurden, sind bisher noch kaum beobachtet worden. Diese Wesen nennt man Humanoiden, Ufonauten oder Piloten. In den fünfziger Jahren berichteten viele Menschen, sie hätten Kontakte mit wunderschönen freundlichen Menschen von Venus und Mars gehabt. Diese Kontaktler sind mittlerweile fast vollständig von der Ufo-Szene verschwunden.

Aber seit über 20 Jahren berichten immer mehr Zeugen, hauptsächlich in den USA, sie hätten nicht nur eine CE III erlebt, sondern mehr – eine CE IV, eine *Unheimliche Begegnung der vierten Art*. Dabei kommt es, wie bei den Kontaktlern, zu einem Betreten der Raumschiffe und zu Flügen ins All, doch sind die Zeugen dabei Opfer, d.h. sie werden von den Humanoiden in das Ufo geschleppt und dort meist sehr schmerzhaften medizinischen Untersuchungen und Experimenten unterzogen. Dann erhalten sie Botschaften, die meist politische oder soziologische Aussagen über den Zustand der Welt enthalten.

Es scheint nur zwei Alternativen zu geben: Entweder außerirdische Raumfahrer landen tatsächlich auf der Erde und operieren an Menschen herum, oder aber Tausende von gemeinhin unbescholtenen Bürgern in den USA und zunehmend auch der ganzen Welt erfinden unabhängig voneinander die gleichen unglaublichen Lügengeschichten.

Die unheimliche Begegnung der vierten Art, das CE IV-Erlebnis, ist Gegenstand dieses Buches.

2. Das Ufo-Phänomen in Amerika

Zauberei in Neu-England

Will man den einschlägigen Büchern glauben, dann beginnt die Geschichte des Ufo-Phänomens in Amerika mit der Entdeckung Amerikas: Wenige Stunden vor der ersten Landsichtung will Columbus eigenartige Lichter am Horizont gesehen haben.[1] Man hat verschiedene konventionelle Erklärungen für diese Beobachtung vorgeschlagen – darunter leuchtende Meerestiere, Meteore und die Fackeln der Eingeborenen.[2] Für die Verfechter der Ufo-Theorie ist bewiesen, daß das Phänomen schon vor der Ankunft der Europäer in Amerika vorhanden war. Skeptiker nehmen an, daß es damals wie heute einfache konventionelle Erklärungen für die Erscheinungen gibt. Doch Christoph Columbus begegnete auf seinen Reisen nicht nur eigenartigen Lichtern, sondern auch Nixen, Seeungeheuern und Engeln.[3] Er war ein Mensch des ausgehenden Mittelalters und nicht der rational denkende Seefahrer, zu dem ihn die Biographen gerne machen.

Im 17. Jahrhundert erlebte Neu-England, die Keimzelle der heutigen USA, die erste massive Welle von Sichtungen ungewöhnlicher Himmelserscheinungen. Neu-England wurde von Puritanern besiedelt, deren religiöse Vorstellungen das tägliche Leben bis hin zu den kleinsten Einzelheiten prägten. Die unbedeutendsten Ereignisse konnten Fingerzeige Gottes sein, und der Teufel besuchte die Menschen in der unschuldigsten Gestalt, um die Gläubigen vom rechten Weg abzubringen. Unbedeutende Zeichen wurden als Intervention Gottes interpretiert.[4] Traditioneller europäischer Aberglaube, der in der Alten Welt bereits vergessen war, hielt sich in den Kolonien weiter.[5]

Neu-England war eine junge Kolonie, die um ihre kulturelle Unabhängigkeit kämpfte. Die puritanische Moral zwang die

Menschen, eine Doppelexistenz zu führen und erzeugte verborgene Konflikte und verdrängte Wünsche. Da begannen gegen Ende des 17. Jahrhunderts einige Kinder in Salem, Massachusetts, mit Vodoo zu experimentieren.[6] Die Kinder beschuldigten bald verschiedene weniger geachtete Mitglieder der Gemeinde Salem der Hexerei. Der Pfarrer glaubte ihnen, obwohl kritische Stimmen davor warnten, den Worten unreifer Kinder allzuviel Beachtung zu schenken. Jeder der Hexerei Bezichtigte beschuldigte seine Nachbarn, um sich selbst von dem Vorwurf zu befreien. Nach kürzester Zeit hatte der Wahn die ganze Kolonie ergriffen. Selbst die höchsten Honoratioren wurden der Hexerei bezichtigt. Die stärksten Anhänger der Hexen-Theorie bemerkten die Unsinnigkeit der Anklagen schließlich beim Vergleich der Beziehung der Beschuldigten zum Beschuldiger. Der Hexenwahn hatte 1691 begonnen, im Mai 1693 wurden die Urteile gegen sämtliche Verhaftete zurückgenommen – das jedoch kam für mehrere Angeklagte zu spät.[7] Dieser Gruppenprozeß war äußerst komplex und offenbart dem heutigen Forscher viel über die Sozialstruktur und die juristischen Kompetenzen der kleinen Kolonistengemeinden.[8]

Hier aber ist vor allem der Zusammenhang der Krise mit ungewöhnlichen Himmelserscheinungen von Interesse.

Zur Zeit der Hexenverfolgungen wurden wiederholt Lichtkugeln bemerkt, die von den Puritanern als Manifestation Satans interpretiert wurden. Die Krise der kleinen Kolonie spiegelte sich quasi am Himmel wider: „Seltsame Nachtlichter wurden gesehen", schreibt Demos,[9] „plötzliche, unerklärliche Geräusche gehört, Geisterschiffe erschienen am Himmel". England befand sich mit Frankreich im Kriegszustand, der europäische Konflikt wurde in die Kolonien getragen. Für die Puritaner waren die katholischen Franzosen und die heidnischen Indianer Teufelsanbeter. Cotton Mather, der Chronist und einer der Hauptbeteiligten an der Hexenhysterie, berichtet von einem Angriff von als Indianer verkleideten Dämonen auf das Blockhaus eines Siedlers.

Eine Generation vor Cotton Mather führte der Gouverneur von Massachusetts, John Winthrop, Buch über seltsame Lichtphänomene in seiner Provinz. Er beschreibt akkurat ein 1639 über dem Muddy River gesichtetes Licht und einen vollmondgroßen Feuerball im März 1644 über Boston.[10] Er notiert die Erscheinungen mit wissenschaftlichem Interesse, doch ohne weltanschauliche Interpretation. Damals mußte die Gemeinschaft noch nicht unter internen und externen Konflikten leiden: Die Erscheinungen konnten bemerkt werden, ohne daß ihnen eine göttliche oder diabolische Bedeutung beigemessen wurde.

Die Luftschiffe von 1896

Gegen Ende des 19. Jahrhunderts ging eine wichtige Periode in der amerikanischen Geschichte zu Ende: Das ganze Land war nun besiedelt, die mythische Grenze im Westen verschwunden. Freiräume gab es nur noch in Alaska, und nur das Meer, die hohen Gebirge und der Himmel blieben unerforscht. Wissenschaftler investierten viel Zeit in die Entwicklung von Luftschiffen und Motorflugzeugen – damals noch erfolglos. Die ersten brauchbaren Fluggeräte wurden erst gegen Anfang des 20. Jahrhunderts gebaut. Aber die Menschen sprachen schon von diesen Wunderdingen, und wenn ein namenloser Erfinder der Presse gegenüber erklärte, er habe ein flugfähiges Luftschiff konstruiert, fand er gewöhnlich ein Publikum, das ihm zu glauben gewillt war.

Gleichzeitig erlebten die USA gewaltige soziale Probleme. Die alteingesessenen Bürger fühlten sich von den neuen Immigranten bedrängt, die ersten faschistischen Parteien entstanden. Die Städte wurden größer, 80 Prozent der Bevölkerung lebten am Existenzminimum, während sich die High Society auf ausgelassenen Partys vergnügte. Im Winter 1893 erklärten 55 Banken ihren Bankrott. In New York gab es über 200 000 Obdachlose.[11]

Während die Wissenschaft Wunder versprach, etwa das Fliegen, entwurzelten die neuen Technologien die Menschen. Das Leben in den vernachlässigten ländlichen Gebieten bestand aus

Routine, die Jungen zog es in die großen Städte: Eine Krisensituation mit gewaltigen, scheinbar unlösbaren Problemen, in der apokalyptische Ängste und rassistische Ressentiments blühten und eine Zeit, in der zahlreiche Sekten entstanden und die Menschen auf Antwort vom Himmel warteten.

1896/97 fand die erste wirkliche Welle von Ufo-Sichtungen in den USA statt – Tausende von Beobachtungen von Luftschiffen und hellen Lichtern wurden in den Zeitungen gemeldet. Diese Berichte drücken die kollektiven Ängste und Erwartungen aus. Doch nicht alle gingen auf Sichtungen zurück. Wie John Keel[12] feststellte, waren viele der Beobachtungen einfach Erfindungen der gelangweilten Telegrafenbeamten, die sich gegenseitig mit Schwindelgeschichten unterhielten. War so eine Geschichte erst einmal in der Zeitung – und überregionale Zeitungen als wichtige Medien entstanden gerade zu dieser Zeit –, dann hielten die Bürger der Region nach den Luftschiffen Ausschau, und so manches helle Licht am Himmel stammte nicht von einem Zeppelin, sondern von Sternen und Planeten.

Die Hoffnung auf die Entwicklung realer Luftschiffe machte es einfach, daran zu glauben, daß ein findiger Amerikaner, vielleicht Edison, bereits ein solches Gerät erfunden hatte: „Gewöhnlich galt jedes ungewöhnliche Licht im Himmel", so Keele,[13] „als Leuchte an einem Luftschiff". Obwohl 1896 allgemein angenommen wurde, die beobachteten Objekte seien die Erfindung irdischer Konstrukteure, nimmt die Luftschiffwelle viele Aspekte des späteren Ufo-Phänomens bis hinein in die kleinsten Details vorweg.

So gibt es Gerüchte über Bruchlandungen von Luftschiffen, die später in den fünfziger Jahren unseres Jahrhunderts wiederbelebt wurden. Am 17. April 1897 soll ein Luftschiff nach einer Kollision mit einer Windmühle über dem texanischen Dorf Aurora abgestürzt sein. Der verstümmelte Pilot, den die Bewohner für einen Marsmenschen hielten (einer der wenigen Fälle, in denen nicht von einem irdischen Piloten berichtet wurde), sei auf dem Dorffriedhof beigesetzt worden. Im Luftschiff sollen sich außerirdische Hieroglyphen befunden, das Fahrzeug selbst aus einer Art Aluminium bestanden haben. J. Allen Hynek besuchte Aurora im Jahre 1966, um mehr über den eigenartigen Fall herauszufinden. Aber es hat in Aurora weder eine Windmühle noch das Grab eines Piloten je gegeben! Die Geschichte war eine Zeitungsente.[14]

In den siebziger Jahren unseres Jahrhunderts kursierten in den USA zahlreiche Berichte über grauenhaft verstümmelte Tiere, die angeblich von Außerirdischen geschlachtet worden waren. Am 28. April 1897 beobachtete der Farmer Alexander Hamilton aus LeRoy, Kansas, wie „einige gräßliche Gestalten" von einem Luftschiff aus mit einem Anker eines seiner Kälber geangelt und verstümmelt hatten. Auch diese Geschichte stellte sich als Schwindel heraus.[15]

Die ersten Entführungen wurden gemeldet: Im November 1896 wurde der Elektriker J. A. Heron aus San José in Kalifornien zu einem Flug in einem Luftschiff eingeladen. Er traf sich mit der (irdischen) Besatzung auf einem menschenverlassenen Feld in der Nähe San Franciscos und wurde zu einem Flug nach Hawaii mitgenommen. Er erklärte, er habe die 4400 Meilen lange Reise in 24 Stunden hinter sich gebracht. Später berichtete seine Frau den neugierigen Reportern, die fragliche Nacht habe ihr Mann zu Hause im Bett verbracht.[16] Im April 1897 wurde Senator Harris bei Harrisburg, Arkansas, zu einem Rundflug in einem gelandeten Luftschiff eingeladen. Harris lehnte ab.[17]

Astronomen wurden von dem allgemeinen Taumel nicht erfaßt: Professor Hough von der Northwestern University erklärte, bei den gesichteten Lichtern handle es sich nur um den Planeten Venus oder den Stern Alpha Orionis.[18] Seiner Meinung nach waren die beobachteten roten und grünen Lichter durch atmosphärische Verzerrungen entstanden.[19]

Während sich hinter zahlreichen Sichtungen also Himmelskörper verbargen, entstanden andere als Erfindungen von Zeitungsreportern und Telegrafenbeamten. Durch die ausgiebige Berichterstattung in den Zeitungen wurden Scherzbolde animiert, selbst „Luftschiffe" zu starten. Am 26. November 1896 ließ der Elektriker A. H. Babcock über Oakland, Kalifornien, einen großen Drachen steigen, der von der wundersüchtigen Masse als Luftschiff bestaunt wurde.[20] Ein Mann im Staat Wa-

Abb. 3: Eines der beiden angeblich authentischen Ufo-Fotos, die der Farmer Paul Trent am 11. Mai 1950 in McMinnville/Oregon aufnahm.

shington knotete eine Laterne an die Füße eines Pelikans und ließ ihn fliegen.[21] Absichtlich in den Sichtungsgebieten gestartete Ballons trugen zur allgemeinen Verwirrung bei.[22] Zahlreiche „Erfinder" meldeten sich bei den Zeitungen und behaupteten, die Konstrukteure des Luftschiffes zu sein. Alle versprachen, ihr Geheimnis zu lüften, sobald die Zeit reif dazu sei und dann öffentliche Vorführungen zu veranstalten. Sie waren allesamt Schwindler, die das Interesse der Öffentlichkeit ausnutzten, um für ein paar Stunden im Rampenlicht zu stehen.[23]

Viele Einzelheiten bis hin zur Beschreibung der Luftschiffe, ihrer Piloten und ihres Verhaltens hatte Jules Verne bereits ein Jahrzehnt zuvor in seinen Romanen geschildert.[24] Andere Parallelen sind in keltischen Sagen zu finden. So soll am 26. April 1897 ein Luftschiff über Merkel in Texas einen Anker nachgeschleift haben. Ein Mann kletterte vom Luftschiff aus die Kette herunter und hakte das Gerät los. Ein Anker, den ein Luftschiff

Anfang April 1897 über Sioux City, Iowa, herunterließ, verfing sich in der Kleidung des einzigen Augenzeugen, Robert Hibbard. Es gibt ein altes irisches Manuskript, den „Königsspiegel", der ähnliches berichtet: Eines Sonntags im Jahr 956 soll ein Schiff über dem irischen Cloera erschienen sein. Es schleppte einen Anker nach, der sich in der Kirchentür verfing. Ein Matrose kletterte das Ankertau herab, und die Menge wollte ihn lynchen, weil sie ihn für einen bösen Zauberer hielt. Nur den beherzten Worten eines Bischofs war es zu verdanken, daß dem Manne nichts geschah und das Schiff in den Wolken weitersegeln konnte. Diese Sage war im Mittelalter in ganz Europa verbreitet und wurde unter anderem auch noch in Lyon lokalisiert.[25]

Es wurde bereits angedeutet, daß die alteingesessenen Amerikaner die Neueinwanderer, besonders Osteuropäer und Chinesen, als „Abschaum" ablehnten. Im April 1897 traf der Richter Lawrence A. Byrne in Arkansas auf die Besatzung eines Luftschiffes: Es waren Japaner.[26] Andere Piloten wurden ebenfalls als „Ausländer" beschrieben.[27] Es gab aber durchaus Fälle, in denen sich die Piloten als äußerst patriotische Amerikaner entpuppten.[28] Offenbar symbolisierten die Luftschiffe gleichermaßen die Angst vor einer Invasion durch Fremde wie die Hoffnung in den amerikanischen Pioniergeist, der, der Grenze im Westen beraubt, nun neue Herausforderungen im Himmel suchte.

Obwohl sich die meisten der amerikanischen Luftschiffpiloten äußerst beredt über die verwendetete Technologie gaben (besondere Fortentwicklungen der Dampfmaschine oder Nutzungen der Elektrizität), schwiegen sie über ihre Motivation. Nur zwei nannten im Gespräch mit Zeugen den Grund, warum sie Luftschiffe erfunden und bislang geheimgehalten hatten. Der Pilot, der am 15. April 1897 zwei Meilen außerhalb von Springfield, Illinois, landete, wünschte sich ein von den Spaniern befreites Kuba,[29] und der Luftschiffer, der Senator Harris kontaktierte, wollte nicht nur einen Flug zum Mars unternehmen, sondern ebenfalls die Spanier aus Kuba vertreiben und den Armeniern in ihrem Kampf gegen die Türken helfen.[30]

Charles Fort war ein amerikanischer Schriftsteller, der bis zu seinem Tode im Jahr 1932 unermüdlich Meldungen über unerklärliche und bizarre Vorfälle sammelte, mit denen er beweisen wollte, daß das moderne Weltbild nur geschaffen werden konnte, weil alle dagegen sprechenden Beobachtungen von der orthodoxen Wissenschaft ignoriert wurden. Diesen wissenschaftskritischen Ansatz nennt man heute in den englischsprachigen Ländern nach ihm „fortianisch". „Fortianische Phänomene" sind all die unerklärlichen Ereignisse, die Fort in seinen vier Büchern „The Book of the Damned" (Das Buch der Verdammten), „New Lands" (Neue Länder), „Lo!" (Schau!) und „Wild Talents" (Ungezähmte Talente) katalogisiert hat: Regen von Fischen und Fröschen, Kröten, die in Kohleklumpen eingeschlossen sind, Poltergeister, seltsame Geräusche am Himmel, singender Sand, riesige Raubkatzen in Europa und den USA, Seeschlangen, Menschen, die ohne Grund Feuer fangen, sinnvolle Zufälle und Sichtungen von Planeten, Kometen und Sternen, die nie verifiziert werden konnten.

Fort sammelte als erster die Meldungen von Luftschiffsichtungen aus den Jahren 1896/97. Er stellte fest, daß solche Sichtungen bereits früher über anderen Ländern der Erde gemacht worden waren und daß sie sich zu bestimmten Zeiten häuften: So wurde Großbritannien 1909 von einer Welle von Sichtungen heimgesucht. Zudem bemerkte Fort, daß diese Lichter nicht isoliert auftraten: Zusätzlich zu hellen Feuerkugeln in Wales im Jahre 1905 wurde England von Sichtungen von Phantomen, Geisterflugzeugen, Wölfen und Poltergeistern heimgesucht. Fort vermutete, all diese Ereignisse seien miteinander verknüpft, äußerte sich aber nicht zu ihrem Ursprung.

Fort verstand sich als Romanautor, der Geschichten erfand, „in denen Ereignisse und wissenschaftliche Daten, nicht Personen" im Mittelpunkt standen. Er war ein Scherzbold, der mit den Erwartungen seiner Leser spielte: „Seine Bücher", schreibt John Michell,[31] „sind so geschickt konstruiert, daß jeder Leser

Abb. 4: Charles Fort (1874–1932) an seinem „Superchecker"-Tisch. Fort hat ganz bewußt die Grenze zwischen wissenschaftlicher Erkenntnis und phantastischer Behauptung verwischt.

seine Ansichten darin bestätigt findet. Daher werden ihn die Dummen wohl nie verstehen, die Dogmatiker, die Heuchler".

Fort schlug als Erklärung für die Lichterscheinungen, von denen er viele hundert Berichte gesammelt hatte, „Besucher von fliegenden Inseln in der Atmosphäre" vor – eindeutig ein Scherz auf Kosten seiner leichtgläubigen Leser. Doch der Scherz zeigte Wirkung: Als 1947 die erste fliegende Untertasse gemeldet wurde, da galt ihr extraterrestrischer Ursprung als erwiesen.

Die Mars-Panik von 1938

1934 wurden unbekannte Lichter über Skandinavien, Österreich und Griechenland beobachtet. Drei Jahre später tauchten zum ersten Mal geheimnisvolle U-Boote in den skandinavischen Fjorden auf. In Kanada debattierte das Parlament über Sichtungen fremder U-Boote vor der Küste Neufundlands. In Sibirien und Deutschland tauchten feurige Scheiben am Himmel auf.[32] Als 1938 ein Nordlicht über Deutschland aufflackerte, hielten es viele für ein Kriegsomen.

Wieder wurden also in problematischen Zeiten Himmelszeichen und unheimliche Bedrohungen beobachtet. Italien war faschistisch geworden, Deutschland nationalsozialistisch, in Amerika weckte Roosevelts „New Deal" die Hoffnung auf eine Überwindung der Weltwirtschaftskrise.

Am 31. Oktober 1938 strahlte das Radio im Osten der USA ein Hörspiel des jungen Regisseurs Orson Welles aus – eine Aktualisierung des berühmten Romans „Der Krieg der Welten" des englischen Schriftstellers H. G. Wells. Welles änderte Ort und Zeitpunkt des Romans – in seinem Hörspiel, das wie eine Nachrichtensendung gestaltet war, gab er vor, Marsmenschen seien in New Jersey gelandet und hätten damit begonnen, New York zu zerstören. Welles hatte ursprünglich gezögert, ihm erschien das Hörspiel zu unglaubhaft. Doch die Zeit war reif. Kaum hatte die Sendung begonnen, als eine Panik ausbrach. Menschenmassen strömten in New Jersey und New York auf die Straßen, um vor der Ankunft der marsianischen Kriegsmaschinen zu fliehen. Die Zeitungen und die Polizei wurden mit Anrufen überschwemmt. Einige behaupteten, Augenzeugen des Desasters zu sein. Ein Mann aus der Bronx meldete, er könne den Rauch aus den zerstörten Städten New Jerseys sehen, der nach New York ziehe. Als im Hörspiel der Innenminister eine Erklärung abgab, glaubten viele Menschen dieser fiktiven Aussage. Von New York verbreitete sich die Panik über das ganze Land. In Indianapolis, Indiana, unterbrach eine Frau die Messe in einer Kirche, um die versammelte Gemeinde darauf aufmerksam zu machen, daß das Ende der Welt gekommen sei. Eine Frau in Pittsburg, Pennsylvania, wollte sich vergiften, bevor sie in die Hände der Marsmenschen fiel.[33]

Ein eigenartiges Phänomen: Obwohl die Menschen nur am Sendeknopf hätten drehen müssen, um eine Bestätigung oder Widerlegung der schrecklichen Vorgänge zu erhalten, wollten viele einfach glauben, daß die große Katastrophe endlich gekommen sei. Jeder hatte sie erwartet, die Spannung wurde stärker, je länger das Desaster nicht eintraf – die Menschen wünschten sich, daß Orson Welles' Hörspiel wahr sei.

Der Psychiatrieprofessor Mark W. Rhine von der Universität Colorado[34] stellte fest, daß die Menschen 1938 in zwei Arten auf das Hörspiel reagierten: Die einen erkannten die Fiktion oder informierten sich bei der Polizei oder den Zeitungen, die anderen, die das Ende der Welt bereits erwarteten, sahen sich bestätigt, verzichteten auf eine Überprüfung und gerieten in Panik. „Die Gläubigen waren bereits davon überzeugt, daß Gott die Welt untergehen lassen würde, daß eine Invasion unmittelbar bevorstehe, oder sie hatten kuriose Vorstellungen über die Möglichkeiten der Wissenschaft. Als sie das Hörspiel hörten, akzeptierten sie es sofort als Beweis für ihre längst gehegten Vorstellungen. Sie ignorierten alles, was ihre vorschnell gefaßte Schlußfolgerung hätte widerlegen können".

Die gleiche Spannung, die gleichen Ängste, die die Leute an Orson Welles' Hörspiel glauben ließen, sorgten auch dafür, daß die ganzen dreißiger Jahre ein Jahrzehnt der Zeichen und Wunder waren – vom Poltergeist von Saragossa, von dem sprechenden Mungo in England und dem Ungeheuer von Loch Ness wußten die Zeitungen ebensoviel zu berichten wie von der aktuellen politischen Lage.

Am Vorabend des Ersten Weltkrieges führte die vergleichbare Angst vor einer deutschen Invasion in Großbritannien dazu, daß dort Zeppeline gesichtet wurden, obwohl nachweislich alle in Deutschland waren. Manche Briten wollten sogar mit deutschen Luftschiffpiloten gesprochen haben, die in England und Wales gelandet seien. Gerüchte über deutsche Spione im Land erregten die Bevölkerung. Eine Untersuchungskommission des Militärs sammelte Zeugenberichte, nach denen Leuchtraketen über Dartmoor deutschen Schiffen im Kanal Signale gegeben hätten. Astronomen wiesen darauf hin, daß die Lichter nur der Planet Venus waren.[35]

Vor dem Eintritt der USA in den Zweiten Weltkrieg als Folge des japanischen Angriffs auf Pearl Harbor wurden über Kalifornien imaginäre japanische Flugzeuge beobachtet, ebenso U-Boote vor Los Angeles. Diese Kriegshysterie ist der reale Hintergrund von Steven Spielbergs Antikriegskomödie „1941".[36]

1946 setzten die Schweden eine Regierungskommission ein, weil Tausende von Sichtungen von „russischen Raketen" über dem Land gemeldet worden waren. Die Angst vor dem Kommunismus begann gerade. 1934 hatten die Schweden und Norweger noch deutsche Flugzeuge in den Lichtern am Himmel vermutet. Die Experten fanden heraus, daß es sich bei den „Geisterraketen" um Meteoriten handelte.[37]

1947 wurde dann die erste fliegende Untertasse beobachtet.

1947 – Das Zeitalter der Ufos beginnt

1945 war der Zweite Weltkrieg mit dem Abwurf der Atombombe zu Ende gegangen, doch die Hoffnung der Menschen auf Frieden schien sich nicht zu erfüllen: Der Konflikt zwischen dem stalinistischen Osten und den westlichen Ländern deutete eine neue globale militärische Auseinandersetzung an. Die Spannungen nahmen eher zu als ab. Die Luftbrücke nach Berlin wurde im Jahr 1948 zur ersten Schlacht des kalten Krieges. In den Vereinigten Staaten begann Senator McCarthy, Jagd auf vermeintliche Kommunisten zu machen. Die Ängste der Menschen brauchten ein neues Ventil.

Am 24. Juni 1947 sah ein Geschäftsmann aus Idaho, Kenneth

Arnold, eine Gruppe von silberglänzenden, dreieckigen Flugmaschinen, die über den Mount Ranier im US-Staat Washington flogen. Arnold schätzte ihre Geschwindigkeit aufgrund der angenommenen Entfernung auf 1700 Meilen pro Stunde – damals eine fantastische Geschwindigkeit, die die menschliche Technik nicht erreichen konnte. Als Arnold, von Reportern umringt, seine Beobachtung zu Protokoll gab, verglich er das Flugverhalten der Objekte mit „einer Untertasse, die man übers Wasser schliddern läßt".[38] Ein Reporter machte daraus eine „fliegende Untertasse".

Das Wort saß, und bald wollten auch andere, teilweise vor Arnold, solche „fliegenden Untertassen" gesehen haben. Bis Ende Juni wurden 23 weitere Sichtungen berichtet, 46 dann bereits im Juli.

Bereits seit Urzeiten wurden seltsame Lichter am Himmel beobachtet und jeweils nach der herrschenden Mode oder den herrschenden Ängsten interpretiert. Aber erst durch die Erfindung des journalistischen Schlagwortes „fliegende Untertasse" hatten die Menschen einen einfachen Begriff, der auf praktisch jede ungewöhnliche Himmelserscheinung paßte. Zeugen mußten nicht mehr umständlich erklären, was sie gesehen hatten – eben eine Untertasse! Die Presse war an Meldungen interessiert. Und das Publikum wollte diese Meldungen lesen.

Gegen Ende des Weltkrieges hatten die Nazis mit immer neuen Waffen aufgewartet: Sie konstruierten die ersten Raketen und Düsenflugzeuge. Als nun Deutschland den Krieg verlor, fielen die Pläne aus der Forschungsanstalt Peenemünde – so jedenfalls glaubten die Amerikaner – in die Hände der Russen. So wie die Rolle des Bedrohers der Freiheit von Nazi-Deutschland auf die UdSSR übertragen wurde, so wurden nun auch die mythischen „Geheimwaffen" der Nazis den Russen zugeordnet: Sie hätten die deutschen Wissenschaftler gezwungen, die „Flugscheiben" der Nazis für die Sowjetunion zu bauen.

Als die Welle von „Geisterraketen" 1946 Skandinavien heimsuchte, hielten nicht wenige, darunter zuerst auch die Militärs, sie für eine Geheimwaffe des Dritten Reiches, die nun in der Hand der Sowjets war. Diese Vermutung wurde auch gleich laut, als Arnold von seinen fliegenden Untertassen berichtete. In der aufkommenden Hysterie des kalten Krieges glaubten auch die Militärs zuerst an diese Theorie. Nur deshalb wurde Arnolds Sichtung ernstgenommen und alle weiteren Berichte gesammelt.

Was Arnold wirklich gesehen hat, ist heute schwer zu bestimmen: Manche tippen auf ganz normale Flugzeuge, andere auf eine Fata Morgana. Auf jeden Fall hat Arnold die Entfernung überschätzt, seine Angaben zu der Größe der Ufos und ihrer Entfernung passen nicht zueinander, und so muß auch die von ihm geschätzte Geschwindigkeit der Objekte viel zu hoch sein. Am wahrscheinlichsten ist, daß es sich bei Arnolds neun Ufos um ein ganz normales Flugzeuggeschwader gehandelt hat.

Hätte das Militär gleich auf Arnolds Schätzungsfehler geachtet und seine Untertassen als Flugzeuge identifiziert, der Ufo-Mythos wäre wohl nie entstanden.[39] Arnold schrieb zusammen mit Ray Palmer, dem Herausgeber von Science Fiction-Groschenheften, ein Buch über seine Sichtung. Palmer, der bereits die Bücher Forts in seinen Magazinen als Serien veröffentlicht hatte, war ein Ufo-Fan der ersten Stunde. Er erkannte den kommerziellen Wert des Phänomens, das man nur richtig und unter der geeigneten Leserschaft verbreiten mußte. Ohne Palmers missionarische Schriften über Ufos, die die Diskussion im ganzen Land ankurbelten, meint John Keel,[40] wäre das Ufo-Phänomen wohl nie älter als zwei Wochen geworden.

Die vierziger und fünfziger Jahre – Geburt eines Mythos

In den vierziger und fünfziger Jahren, in dem ersten Jahrzehnt nach Arnolds Sichtung, entstanden praktisch alle Bestandteile der Ufo-Mythologie. Nur wenige Ergänzungen kamen in den sechziger Jahren hinzu, während in den siebziger und achtziger Jahren hauptsächlich die Elemente der fünfziger (Kontakte und abgestürzte Ufos) neu belebt wurden. Daher muß dieses Jahrzehnt, in dem sich der Mythos gebildet, variiert und konsolidiert hat, genau betrachtet werden.

Vieles ereignete sich in der amerikanischen Innen- und Außenpolitik in diesen Jahren: Senator McCarthys Hatz auf die Kommunisten, das Engagement der Amerikaner in Korea, die Entwicklung der Wasserstoffbombe 1952 und der kalte Krieg beherrschten die Gedanken der Amerikaner. Im Wettlauf um Prestige versuchten sich die Supermächte auf dem Gebiet der Weltraumfahrt zu überbieten. Hier bewies die UdSSR, daß sie vorerst der USA eine Nasenlänge voraus war: Im Oktober 1957 startete sie ihren ersten Sputnik und schockierte damit eine überraschte, an ihre Überlegenheit glaubende amerikanische Öffentlichkeit.

Die Ängste der Amerikaner offenbarten sich in der Populärkultur. Science Fiction-Filme und Romane, die davon handelten, daß Außerirdische die Erde unterjochten (wobei man nur „Außerirdische" durch „Russen" ersetzen muß, um die Intention der Filme zu erraten), wurden in großen Mengen produziert. Die Angst vor der Atombombe zeigt sich in vielen Filmen, in denen unkontrollierte Atomstrahlung Riesenspinnen oder -ameisen wachsen läßt, die idyllische amerikanische Dörfer bedrohen. In einem dieser Filme, „Tarantula", vernichtet die Armee die Monstren mit Napalm – ein Zeichen dafür, daß Amerika immer gegen seine Feinde gewappnet sein mußte.

In anderen Filmen, etwa „The Day the Earth Stood Still" von 1951 oder Jack Arnolds „It Came From Outer Space", erscheinen friedliche Außerirdische auf der Erde, die über die kriegslüsternen Erdenmenschen nur entsetzt sein können. In „The Day the Earth Stood Still" zerstört ein außerirdisches Gerät alle Waffen und sorgt so für Frieden – der Außerirdische jedoch, der als Friedensapostel erscheint, steht unter der Kontrolle eines gewaltigen Roboters: Er hat seine Friedfertigkeit mit dem Verlust seiner Persönlichkeit bezahlt. Ufos, die irdische Maschinen stoppen, sind seit diesem Film ein Bestandteil des Ufo-Märchens geworden. Andere Filme hatten Titel wie „Invaders from Mars" (1953), „War of the Worlds" (1953) oder „I Married a Monster From Outer Space" (1958). Diese Filme kommentieren die Entwicklung des Ufo-Phänomens in ihrer Zeit, häufig nehmen sie einige Aspekte sogar vorweg.[41]

Abb. 5: Angeblich authentische Ufo-Aufnahme, die der Pressefotograf Ed Keffel am 7. Mai 1952 beim brasilianischen Barra da Tujuca in der Nähe Rio de Janeiros machte.

Nach Arnolds Sichtung und der ersten Aufregung legte sich die Hysterie rasch. Nach dem Juli 1947 sank die Zahl der Sichtungen unter 20 pro Monat, und im Dezember 1947 wurden aus den ganzen USA nur noch sechs Beobachtungen gemeldet.[42] Sicher wäre die Welle von 1947 wie die vorherigen bald vergessen gewesen, wäre nicht die Science Fiction-Presse in den Boom eingestiegen und hätte die amerikanische Luftwaffe die Gerüchte nicht indirekt dadurch bestätigt, daß sie die Beobachtungen untersuchen ließ. Luftwaffensprecher riefen die Bevölkerung dazu auf, unerklärliche Himmelserscheinungen den zuständigen Armeestellen zu melden. Man war sich immer noch nicht sicher, ob die Ufos – in Form sowjetischer Geheimwaffen – nicht doch die nationale Sicherheit der USA bedrohten. Das Militär gründete „Project Sign" am 20. Dezember 1947, um diese Möglichkeit zu untersuchen. Da das Projekt der strengsten Geheimhaltung unterworfen war, kam bald das Gerücht auf, das Militär wisse mehr über die Untertassen als es zugebe.

Nach der Untersuchung der 1947 gemeldeten Ufo-Sichtungen kamen die Mitglieder des Projektes zu dem Schluß, es könne sich bei den gemeldeten Flugobjekten nicht um sowjetische Geheimwaffen handeln – also blieb nur noch der außerirdische Ursprung, den die Science Fiction-Schreiber und Massenblätter ohnehin schon längst proklamiert hatten.[43] „Es gab im Project Sign mehr, die an die Existenz von Ufos glaubten, als solche, die skeptisch waren", stellt Billig[44] fest. „Man sprach nicht davon, vermutete aber, es seien Marsianer".

1947 schloß Generalleutnant Nathan F. Twining, daß Ufos „real und nicht fiktiv" seien. Er riet, die Berichte gewissenhafter zu sammeln und zu untersuchen. Project Sign wurde daher im Dezember 1948 vom Project Grudge abgelöst. Dieses Projekt kam zu dem Schluß, daß die Mehrzahl der Sichtungen auf fehlinterpretierte natürliche Stimuli zurückzuführen sei. Da Ufo-Sichtungen immer wieder dazu führten, daß den offiziellen Verlautbarungen der Militärs kein Glaube geschenkt wurde, beschloß man, von 1948 an sämtliche Sichtungen zu erklären und die Auflösung (die manchmal recht willkürlich war) zu publizieren. Project Grudge schenkte den Zeugen größere Beachtung als den geschilderten Objekten, offenbar auch, weil man endlich erkannt hatte, daß menschliche Beobachter keine unbestechlichen Aufnahmegeräte waren. Ufo-Fans begannen damals zu vermuten, das Militär wisse alles über die Ufos, besitze sogar abgestürzte Untertassen und tote Außerirdische und mache die Zeugen lächerlich, um dieses Wissen zu vertuschen.[45]

Project Grudge kam zu der Schlußfolgerung, die Ursachen der Sichtungen lägen in „Fehlinterpretationen konventioneller Erscheinungen, abnormen psychologischen und physiologischen Zuständen, gesellschaftlichem Streß und Schwindel".[46] Die Luftwaffe folgerte, Ufos stellten keine Bedrohung der nationalen Sicherheit dar, und beschloß, mit der Einstellung des Projektes die eigene Verwicklung in das Thema zu beenden.

Obwohl also das Ufo-Rätsel im Prinzip bereits 1949, zwei Jahre nach seinem Erscheinen, gelöst worden war, war die Öffentlichkeit mit dieser Erklärung nicht einverstanden. Die Ufos verkörperten die Hoffnungen und Ängste der Amerikaner geradezu ideal, und die Erklärung, Tausende von Amerikanern hätten so ungenau beobachtet, daß sie Sterne für außerirdische Raumschiffe hielten, war nicht sonderlich schmeichelhaft für das nationale Selbstbewußtsein. Zudem war zu dieser Zeit schon so oft in Magazinen und Zeitungen behauptet worden, die Ufos seien außerirdischen Ursprungs und die Luftwaffe wisse das, wolle es aber geheimhalten, daß den nüchternen Erklärungen des Projektes Grudge nicht geglaubt wurde.

Die Ufo-Mythologie wurde durch weitere, spektakuläre Sichtungen bestätigt: So soll am 7. Januar 1948 eine fliegende Untertasse einen Piloten, der sie verfolgte, getötet haben. Die offizielle Erklärung war, der Pilot sei der Venus nachgeflogen, hätte dann unter der Höhenkrankheit gelitten und sei dann abgestürzt. Erst drei Jahre später wurde bekannt, daß Mantell, der Pilot, in Wirklichkeit einen (damals noch streng geheimen) Ballontyp der Marine gejagt hatte. Da die Luftwaffe von diesem Ballon nichts wissen konnte, kam es zu dem tragischen Mißverständnis. Wieder erhielten die Vertuschungsgerüchte Auftrieb.[47]

Anfang der fünfziger Jahre gab es noch keine Berichte über

Sichtungen von oder Begegnungen mit den Ufo-Piloten, Entführungen oder Landungen waren unbekannt. Ein bei Roswell in New Mexico 1947 abgestürzter Ballon hatte indes in Luftwaffenkreisen zu dem Gerücht geführt, eine fliegende Untertasse mit 16 kleinen außerirdischen Leichen sei abgestürzt. Obwohl diese Geschichten nichts als Hörensagen waren, stellte sie der Klatschreporter Frank Scully in einem Buch als bewiesene Tatsachen dar.[48]

Durch dieses Buch kam es im März 1950 zu einer erneuten Welle von Ufo-Sichtungen in den USA, die die Intensität der Welle von 1947 erreichte. Ufos waren jetzt zum zweiten Mal in aller Munde, und das Militär sah sich genötigt, die sensationalistische Berichterstattung in der Presse zu kritisieren. Jetzt sorgten wichtige außenpolitische Entwicklungen dafür, daß das Interesse der Amerikaner an Ufos sank. Im Juli 1950 überschritt Nord-Korea den 37. Breitengrad, der Krieg in Korea kündigte sich an.

Zur Zeit der McCarthy-Prozesse begann sich das Fernsehen als Medium in den amerikanischen Heimen zu etablieren. Im Januar und Februar 1951 übertrug das Fernsehen die Parlamentsanhörungen über das organisierte Verbrechen – wer kein Gerät hatte, folgte dem Geschehen über die in Geschäften stehenden Apparate.[49]

Am 10. September 1951 wurde über Fort Monmouth, New Jersey, ein Ufo gesichtet, das auch auf den Radarschirmen der Militärs erschien. Die amerikanische Luftwaffe beschloß, ihr Ufo-Projekt wieder aufleben zu lassen. Er hieß nun „Project Blue Book". Das wiedererwachte Interesse an Ufos führte dazu, daß eine Nummer der Illustrierten „LIFE", die am 7. April 1952 erschien und behauptete, daß Ufos Besucher aus dem Weltraum seien, zum Bestseller wurde. Das hatte Folgen.

Im Juli sahen Tausende von Zeugen fliegende Untertassen über Washington, D. C. Unerklärliche Echos erschienen auf den damals noch unvollkommenen Radarschirmen. Die Luftwaffe ließ Düsenjäger aufsteigen, um die Ufos abzufangen oder abzuschießen. Fotos zirkulierten, die ganze Geschwader von außerirdischen Raumschiffen zeigten, die das Capitol überflogen. Offizielle Stellen erklärten ganz richtig, daß es sich nur um atmosphärische Phänomene (Lichtbrechungen an Inversions-schichten) gehandelt hatte und daß die Radarechos von ähnlichen Erscheinungen her stammten, doch die Öffentlichkeit war über die Vorgänge, die eine Verletzlichkeit ihrer Hauptstadt durch eine fremde Macht zu implizieren schien, so beunruhigt, daß sie die Erklärung nicht akzeptierte.[50]

Da das Interesse der Öffentlichkeit nun geweckt worden war, erschienen innerhalb von zwei Monaten mehr als ein Dutzend Artikel über das Thema in überregionalen Zeitschriften, darunter „Time", „Newsweek", „Reader's Digest" und „New Yorker".[51] Die Anzahl der Sichtungen in diesem Sommer stellte einen einsamen Rekord dar: 1952 wurden der Luftwaffe 1166 Berichte gemeldet, davon 366 im Juli, 218 im August und 105 im September. In den restlichen drei Monaten wurden je rund 50 Beobachtungen gemacht.[52]

Die nüchternen Erklärungen der Militärs fanden unter solchen Bedingungen kaum noch Glauben. So formierte sich 1952 unter der Leitung von Coral und Jim Lorenzen die APRO, „Aerial Phenomena Research Organisation" (Forschungsgruppe für Himmelserscheinungen), die erste private Ufo-Organisation.[53] Unzufrieden mit den Ergebnissen der Luftwaffe hatte man beschlossen, das Rätsel selbst zu lösen.

Ein Kalifornier polnischer Abstammung, George Adamski, nutzte die Gunst der Stunde und veröffentlichte Anfang 1953 einen Science Fiction-Roman als Sachbuch – er behauptete, er sei im November 1952 in der kalifornischen Wüste auf einen Außerirdischen getroffen, der ihn vor den Gefahren der Atombombe gewarnt hatte. Der langhaarige Schöne von der Venus hinterließ einen Fußabdruck mit Hieroglyphen, den Adamski in seinem Buch abbildete. Das recht naiv geschriebene Büchlein wurde mit einem Nachwort des Esoterikers Desmond Leslie versehen, der die These aufstellte, daß die Götter und Engel der Mythen und heiligen Schriften in Wirklichkeit Raumfahrer von anderen Planeten gewesen waren. Diese Mischung aus esoterischen Traditionen und Erzählelementen aus dem Science Fiction-Film „The Day the Earth Stood Still"[54] war so erfolgreich, daß Adamski lange Zeit als Inbegriff des Ufo-Zeugen galt.

Seine Anhänger gründeten später religiöse Gemeinden und verehrten ihn als Propheten. Adamski schrieb zwei Fortsetzungen zu seinem Buch und behauptete darin, zum Mond und zu mehreren Planeten des Sonnensystems geflogen zu sein. Er habe dort mit vielen Planetenmenschen gesprochen, aber auch mit Jesus und Buddha. In den fünfziger Jahren war er so berühmt, daß er von Königen und sogar vom Papst empfangen wurde. Die APRO hielt die ganze Sache für einen Schwindel, offizielle Stellen kümmerten sich nicht um diese neue Religion.[55]

Zahlreiche weitere Autoren zogen mit ähnlichen Büchern nach. Sie waren die ersten Entführungsopfer der fliegenden Untertassen, doch verhielten sich die Planetarier als überlegene moralische Macht ihren Opfern gegenüber friedlich. Ein Howard Menger behauptete, seine Frau sei eine Außerirdische, der britische Astronom Patrick Moore schrieb unter dem Pseudonym Cedric Allingham, er habe in Schottland Außerirdische getroffen. Es ist anzunehmen, daß die meisten dieser Geschichten bewußte Schwindeleien sind, doch sie legten den Grundstein für das Symbolgebäude, aus dem die heutigen Entführten ihre Erlebnisse konstruieren.

Die Luftwaffe wollte zu dieser Zeit immer weniger mit der Untersuchung der Ufo-Sichtungen zu tun haben – es war eine lästige Aufgabe geworden, man war der Ansicht, die Zeit ließe sich sinnvoller nutzen. Das CIA empfahl, die Ufo-Hysterie zu beenden, bevor sie Schaden anrichten konnte. Man befürchtete, daß im Falle einer ernsthaften Krise eine Ufo-Welle sämtliche Informationskanäle, die für wichtigere Meldungen gebraucht würden, verstopfen könnte. Eine Gruppe führender amerikanischer Wissenschaftler, der „Robertson Panel", schloß im Januar 1953, Ufos seien keine Bedrohung der nationalen Sicherheit. Schuld an der Verbreitung des Ufo-Mythos hätten die Ufo-Sekten und Forschungsorganisationen, die „Aura des Geheimnisses" um die Erscheinungen müsse gelüftet werden. Falls nötig, sollten auch noch unerklärte Sichtungen der Öffentlichkeit als geklärt präsentiert werden, um weitere Legendenbildung und Panik zu vermeiden.[56]

Abb. 6: Georg Adamski vor einem Gemälde, das den Venusier zeigt, mit dem er am 20. November 1952 zusammentraf.

Man hoffte, für dieses Programm die Hilfe der Medien zu gewinnen. Durch Artikel und Filme im Fernsehen, im Kino und in den großen Magazinen sollte „die Leichtgläubigkeit der Öffentlichkeit" reduziert werden, um sie so weniger anfällig für geschickte feindliche Propaganda zu machen.[57] Der „Robertson Panel" überschätzte die Fähigkeit der Medien, wenn er wirklich glaubte, mit solch einem didaktischen Programm Erfolg zu haben. Obwohl sich offizielle Stellen und viele Medien an die Empfehlungen hielten, sahen die Amerikaner weiterhin fliegende Untertassen.

Nach 1953 sank die Zahl der Berichte und blieb bis 1957 konstant. Billig[58] erklärt das mit der sich abzeichnenden Entspannung. Stalin starb am 5. März 1953, im April 1954 begann der amerikanische Kongreß, McCarthys Praktiken zu untersuchen und beendete so die Hexenjagd auf vermeintliche Kommunisten in Amerika. Am 27. April 1953 kam es zum Waffenstillstand in Korea, nachdem sich die Verhandlungen zwei Jahre lang hingezogen hatten.

Präsident Eisenhower erlitt im September 1955 eine Herzattacke. Die Börse geriet in Aufregung, die Kurse purzelten. Im Juni 1956 ließ sich der Präsident operieren, im Juli blockierte der ägyptische Präsident Abdul Nasser den Suez-Kanal. Im Mai hatten die Vereinigten Staaten die erste Wasserstoffbombe gezündet – und im August 1956 erlebte das Land die erste stärkere Ufo-Welle seit dem Sommer 1952. Es kam zu 73 Berichten im Juli und 122 im August.

Mit der Arbeit sowohl des offiziellen „Blue Book" als auch der APRO unzufrieden, gründete der Major Donald E. Keyhoe 1956 seine Organisation NICAP, das „National Investigation Committee for Aerial Phenomena" (Nationaler Forschungsausschuß für Himmelserscheinungen). Fast seine gesamten Energien verschwendete das NICAP darauf, dem Militär eine Vertuschung der Wahrheit nachzuweisen. Landungen und nahe Begegnungen wurden von der Organisation als zu wenig seriös ignoriert. Die Konkurrenz zur APRO (denn schließlich finanzierte man sich aus den Beiträgen der Mitglieder) war groß, Fälle, die die jeweils andere Organisation für authentisch hielt, galten als Schwindel.[59]

Am 4. Oktober 1956 löste dann der Start des russischen Sputnik in ganz Amerika einen Schock aus. Hatte man bisher geglaubt, die führende Technologienation der Welt zu sein, fühlte man sich jetzt um Jahre hinter die Sowjetunion zurückgeworfen. Der Vorsprung der UdSSR führte aber auch zu Kriegsängsten, die Niederschlagung der Aufstände in Ost-Berlin und in Ungarn war noch nicht aus dem Gedächtnis verschwunden. Im Oktober, beginnend mit dem Tag nach dem Start des Sputnik, wurden der Luftwaffe 102 Beobachtungen gemeldet, im November bereits 361 – nur fünf weniger als zur Zeit der Hysterie von Washington. Diese Welle war die erste, die die ganze Welt ergriff, sie erfaßte Lateinamerika, Europa und sogar die Türkei.[60]

Die Gunst der Stunde nutzend kam zur gleichen Zeit auch der Spielfilm „Invasion of the Saucer Men" (Invasion durch die Menschen der Untertassen) in die Kinos.[61] Bereits im Oktober 1954 hatte in Europa, hauptsächlich in Frankreich, Italien und Spanien, die bisher größte Sichtungswelle außerhalb der USA stattgefunden. In diesem Jahr wurde von über 200 Landungen berichtet, darunter ein hoher Prozentsatz mit Sichtungen von Humanoiden.[62] Das war ein absolutes Novum – in Amerika gab es zur gleichen Zeit nicht einmal ein Dutzend Landungsberichte. Die französischen Berichte waren zum Großteil Zeitungsschwindel, doch 1955 wurden viele davon in den Zeitschriften der APRO und des NICAP publiziert – die ersten CE III-Berichte, die die Mitglieder dieser Organisationen lesen konnten. Von 1954 bis 1960 wurden in den USA ganze 13 Begegnungen der dritten Art gemeldet, davon fünf 1955, dem Jahr nach der europäischen Welle, und sieben 1957 im Sputnikjahr.[63]

Die sechziger Jahre – Ufos im Kongreß

Die wichtigste Ufo-Begegnung der sechziger Jahre fand 1961 statt, wurde aber erst 1966 als Buch publiziert. Am 19. September 1961 befand sich das Ehepaar Hill nachts auf dem Nachhauseweg von einem Besuch. Sie sichteten ein helles Licht, das sie für ein Ufo hielten. Beide verloren das Bewußtsein und hatten keine Erinnerung an etwa zwei Stunden, die ihnen irgendwie „verloren" schienen. Von einem Arzt hypnotisiert, erinnerten sie sich daran, daß sie von Humanoiden in ein Ufo geschleppt und dort medizinisch untersucht worden waren.

Der Journalist John Fuller, der von dem Fall hörte, schrieb darüber den Bestseller „The Interrupted Journey" (Die unterbrochene Reise).

Die Entführung der Hills ist zum bekanntesten Ufo-Fall geworden. Er fehlt in keinem Buch über das Thema.[64]

Lange Zeit galt der Fall als einzigartig. Hynek fand sogar, er stehe vollkommen außerhalb des Prototyps der CE III-Erfahrung.[65]

Bald wurde aus Brasilien ein ähnlicher Fall bekannt: Der Bauer Atonio Villas Boas war bereits im Februar 1958 von einer fliegenden Untertasse entführt worden. Die Außerirdischen zogen ihn aus, rieben ihn mit wohlriechenden Ölen ein und veranlaßten ihn, mit einer gutaussehenden, außerirdischen Nackten zu schlafen. Als Boas erschöpft war, deutete sie auf ihren Bauch und dann in den Himmel, um Boas so zu signalisieren, ihr gemeinsames Kind werde auf einem fernen Planeten geboren.[66] Auch dieser Fall ist in vielen Büchern zu finden.[67]

Der brasilianische Fall wurde 1965, der neuenglische 1966 erstmals veröffentlicht. Sie verwirrten die Ufo-Forscher außerordentlich, bis es Mitte der siebziger Jahren zu einer wahren Explosion der Zahl der Entführungsberichte kam. Im Juli und August 1965 fand in den USA wieder eine große Welle statt. Zum ersten Mal wurden die Ufos dabei häufig fotografiert. Das emsig vorangetriebene Mondlandungsprogramm der NASA machte die Menschen empfänglicher für Vorstellungen von Raumschiffen und Raumreisen.

Das neuerwachte öffentliche Interesse wurde nicht nur durch die einschlägigen Medien bedient, die ersten beiden fortianischen Vereinigungen, die SITU („Society for the Investigation of the Unexplained") und INFO („The International Fortean Organisation") wurden gegründet. Sowohl INFO als auch die SITU verdanken ihre Entstehung den Bemühungen des Biologen Ivan T. Sanderson, der damit die Tradition der 1959 aufgelösten alten „Fortianischen Gesellschaft" fortführen wollte. Sanderson war bereits als Biologe in den USA bekannt geworden; seine Versuche, Forts Theorie in den Vereinigten Staaten populär zu machen, führten dazu, daß er eine vereinfachte for-

Abb. 7: Ein Ufo über Vancouver Island in Kanada, aufgenommen von Hannah McRoberts im Oktober 1981. Zweifler sprechen durchaus auch einmal von einer hochgeworfenen Radkappe.

tianische Theorie verkündete. Er legte mehr Wert auf das „Geheimnisvolle" als auf Forts philosophische Überlegungen und initiierte damit eine Flut von Sachbüchern über Ufos und „die letzten Geheimnisse unserer Welt". Sanderson hatte selbst mehrmals Ufos beobachtet.[68]

Die fortianischen Gruppen, unterstützt von der Öffentlichkeit, forderten eine erneute staatliche Untersuchung des Ufo-Phänomens. Der spätere US-Präsident Gerald Ford, damals noch Führer der republikanischen Minderheit im Kongreß, forderte auf Drängen der Wähler seines Wahlkreises in Michigan, der Kongreß solle das Thema Ufo erörtern.[69] Am 28. März 1966 schrieb er: „Wir sind es den Leuten schuldig, festzustellen, ob es das Ufo-Phänomen gibt, und dabei die größtmöglichen Erkenntnisse über das Thema zu sammeln".[70] Ab Mitte der sechziger Jahre begann die Jugendrevolte in den USA. Popmusik bestimmte das Leben. Die von der Gesellschaft gestellten Normen wurden überschritten. Die Ablehnung verkrusteter Strukturen und des zunehmenden Engagements in Vietnam einte die Jugend. Ein Teil ihrer Philosophie war die Ablehnung der Rationalität, die Flucht ins Märchenhafte, die Suche nach bewußtseinserweiternden, „psychedelischen" Erfahrungen.

Die Wissenschaft versuchte, dieses Protestpotential wieder für sich zu interessieren, indem sie begann, Grenzgebiete zu erforschen. 1969 fanden die ersten, wissenschaftlichen Expeditionen zum Loch Ness statt, im gleichen Jahr wurden die Ergebnisse der Erforschung des Ufo-Phänomens im Auftrag des amerikanischen Militärs durch die Universität von Colorado in Boulder veröffentlicht. Es gibt Anzeichen dafür, daß die Forschungsgruppe um Dr. Condon auf jeden Fall zu einer negativen Bewertung kommen sollte. 1966 initiiert, wurde das Programm 1969 beendet, der Bericht als Taschenbuch veröffentlicht. Von Anfang an stand das Unternehmen unter einem ungünstigen Stern, das Militär wollte einerseits die Öffentlichkeit zufriedenstellen und andererseits das leidige Ufo-Thema für immer beenden. „Der Trick, denke ich, wird sein, das Projekt so zu beschreiben, daß das Publikum es für eine objektive wissenschaftliche Untersuchung hält, für Wissenschaftler aber deutlich zu machen, daß es sich um eine Gruppe Skeptiker handelt, die ihr Bestes tun, um objektiv zu sein, aber trotzdem nicht erwarten, tatsächlich auf ein Ufo zu stoßen", schrieb der Projektleiter Dr. Low am 9. August 1966 in einem internen Strategiepapier.[71]

Erbost verließen einige Wissenschaftler, die an die Existenz von Ufos glaubten, das Projekt und ließen so die Skeptiker unter sich. Diese Vorgänge waren in den Medien bereits publik geworden, bevor der „Condon Report" endgültig erschien. So wurde er von den Gläubigen bereits verteufelt, als ihn noch niemand gelesen hatte.[72]

Der „Condon Report" ist ein unübersichtlicher, fast tausend

Seiten starker Wälzer, der physikalische, psychologische, soziologische und historische Aspekte des Ufo-Phänomens besprricht. Von den untersuchten Fällen blieben mehrere Dutzend ungeklärt. In den Schlußfolgerungen des Projekts schreibt der wissenschaftliche Leiter, der Physiker Dr. Edward U. Condon, das Ufo-Phänomen sei nicht real. „Die in der Vergangenheit durchgeführte Sammlung von anekdotischen Berichten ist ohne wissenschaftlichen Wert, denn die meisten wurden von herkömmlichen Stimuli ausgelöst. Wir empfehlen daher, daß keine weiteren Gelder zur Untersuchung von Ufos verwendet werden".[73]

Der „Condon Report" bedeutete tatsächlich das Ende des Engagements der amerikanischen Luftwaffe mit dem Ufo-Phänomen. Viele Wissenschaftler glaubten zudem, der Bericht habe die Ufos endgültig ad acta gelegt. Doch Dr. Hynek, früher offizieller Mitarbeiter des Projektes „Blue Book" und Mitglied der Condon-Forschungsgruppe, verwies darauf, daß die Hälfte der untersuchten Fälle unidentifiziert geblieben war. Er schrieb 1972 das Buch „The UFO Experience", das noch heute als eines der besten Ufo-Bücher gilt.

Es gibt kaum noch verläßliche Daten über die Anzahl der Ufo-Sichtungen nach 1969, da die Luftwaffe die Berichte nicht mehr länger sammelte. Diese Arbeit übernahmen nun die privaten Organisationen; die Sammlungen überschneiden sich allerdings teilweise, und eine genaue Statistik ist noch nicht veröffentlicht worden. Mit der Hippie-Philosophie kamen verstärkt auch okkulte Einflüsse in das Ufo-Phänomen. Die Jugend nahm Drogen und dachte, sie habe damit „schamanistische Praktiken" wiederentdeckt. Die Beatles meditierten in Indien. Jim Morrison, Frontmann der amerikanischen Popgruppe Doors, schrieb Lieder über ägyptische Mythen. Mick Jagger von den Rolling Stones sagte in einem Interview, er lese gerade die Bücher von Charles Fort.[74]

Zur Rückwendung der Jugend zur Mystik, dem Zurückblikken in ein goldenes Zeitalter der Antike, kam der Fortschritt in der Weltraumtechnik. Im Juni 1969 landete das erste amerikanische Raumschiff auf dem Mond. Das gab den Ufo-Anhängern recht, die schon immer davon geträumt hatten, interplanetare Raumfahrt sei möglich. Das war die Atmosphäre, in der eine Mischung aus der simplen These von den Raumfahrern vom anderen Stern und den mystischen Konzepten der Jugendrevolte geschaffen wurde, die schließlich zu dem Entführungsphänomen führen konnte.

1968 wurde ein noch unbeholfener Versuch einer solchen Fusion unternommen. Erich von Däniken veröffentlichte seine „Erinnerungen an die Zukunft", die teils auf theosophischen Ideen, teils auf der Projizierung der vermuteten menschlichen Zukunft in die Vergangenheit beruhten: Außerirdische Raumfahrer, behauptete Däniken, hatten die Menschheit durch eine genetische Intervention in die Evolution geschaffen. Mythen seien Tatsachenberichte, die diese Vorgänge metaphernreich überlieferten.[75] In Dänikens Schriften, die oft nicht einmal originell sind – sein Erstlingswerk kann die Herkunft vieler Ideen aus Robert Charroux' „Phantastische Vergangenheit" (1965, deutsch 1966) nicht verleugnen – findet man viele Anklänge an die Ufo-Kontaktler der fünfziger Jahre: Eine „wissenschaftliche Religion", die Gott als Raumfahrer sieht, die Wissenschaftsfeindlichkeit vieler Menschen und die Vorstellung, Außerirdische würden in massivem Maße in die Geschicke der Menschheit eingreifen.

Vom Weltraumflug schwärmten selbst die Befürworter des LSD. Sie lasen Science Fiction-Romane oder die grenzwissenschaftlichen Klassiker des 19. Jahrhunderts. Dr. Timothy Leary, der Prophet des LSD, hielt den Weltraumflug für eine bewußtseinserweiternde Droge.

Nach und nach erschienen Forts Bücher in Amerika in hoher Auflage als Taschenbuchausgabe, in London gab Bob Rickard die „Fortean Times" als erstes britisches fortianisches Magazin heraus. Bis heute ist sie die wichtigste Zeitschrift auf diesem Gebiet geblieben.

Da sich die etablierte Wissenschaft nach dem Condon-Bericht endgültig aus der Ufo-Szene verabschiedete, wurde das Gebiet den Sensationalisten und Geschäftemachern widerstandslos überlassen.

1973 verebbte der Jugendprotest in den USA. Der Vietnam-krieg war beendet, die Watergate-Affäre hatte das Vertrauen in den Staat endgültig unterminiert.

Die große Ufo-Welle im Herbst 1973 lenkte die Aufmerk-samkeit wieder auf das Phänomen, das diesmal eine neue Di-mension erreichte: Zum ersten Mal wurden auch in den USA zahlreiche CE III und CE IV-Erfahrungen gemeldet. Das von J. Allen Hynek gegründete „Center for UFO-Studies" (Ufo-Forschungszentrum) spricht vom „Jahr der Humanoiden".[76] „Der Herbst 1973", schreibt Ribera, „brachte eine der wichtig-sten und konzentriertesten Ufo-Wellen in der gesamten Ge-schichte des Phänomens mit sich. Praktisch alle Berichte stam-men aus den Vereinigten Staaten, wo sie sich im Südosten kon-zentrierten. Obwohl diese Welle den vorherigen in vielen Punkten gleicht, brachte sie doch einige neue Muster mit sich: die zahlreichen nahen Begegnungen der dritten Art, Landungen und physikalische Spuren".

Bei diesen CE III-Erlebnissen handelte es sich nicht immer um den bereits bekannten Prototyp. Häufig wurde Bigfoot, der amerikanische Yeti, in Zusammenhang mit Ufos beobachtet.[77] Zum ersten Mal wurden Entführungsberichte zu einem integra-len Bestandteil des Gesamtphänomens. Immer häufiger ent-sprachen die gesichteten Humanoiden nicht den aus der Ge-schichte bekannten außerirdischen Zwergen, sondern ähnelten den Kobolden der Sage. Bereits 1969 hatte Jacques Vallée in seinem Buch „Passport to Magonia" auf die zahllosen Ähnlich-keiten zwischen der keltischen Koboldfolklore und den ameri-kanischen Ufo-Berichten hingewiesen. John A. Keel, der ver-mutete, daß die Humanoiden von heute die gleichen übernatür-lichen Wesen seien wie die mythischen Gestalten der Folklore, veröffentlichte in dieser Zeit drei seiner besten Bücher.[78]

Die Beobachtung, die die Welle auslöste, war die Entführung zweier Angler am 11. Oktober 1973 in Pascagoula in Mississip-pi. Sie waren etwa eine Stunde an Bord einer Untertasse, wo sie von großen menschenähnlichen Kreaturen mit krabbenartigen

Händen und einem riesigen schwebenden Auge untersucht wurden. Die beiden konnten sich anfangs nur an eine Ufo-Sichtung erinnern, erst als sie von der APRO und Dr. Hynek untersucht wurden, kam unter Hypnose die Entführung zum Vorschein.[79]

Obwohl Hynek hinter dem Erlebnis ein reales physikalisches Ereignis vermutete, wies Keel[80] darauf hin, es hätte sich um „eine alltägliche Halluzination" gehandelt – die Starre der Opfer, ihre Begegnung mit dem Auge waren typische Elemente der außerkörperlichen Erfahrung. Die Entführung von Pascagoula verdeutlichte zum ersten Mal die spätere Spaltung zwischen den „wissenschaftlichen" Ufo-Forschern, die an reale Raumschiffe glaubten, und den „fortianischen" Forschern, die psychosoziale oder paranormale Ursachen verantwortlich machten.

Die Pascagoula-Entführung beherrschte mehrere Tage lang die amerikanischen Schlagzeilen und führte so zu der Welle von Humanoidensichtungen. Am 17. Oktober fotografierte ein Polizist einen außerirdischen Piloten bei Falkville, Alabama (es handelt sich um ein Trickfoto), am 4. November behauptete das Ehepaar Snow aus Goffstown, New Hampshire, sie hätten zwei außerirdische Kobolde gesehen. Überall im Land tauchten hunzlige Zwerge, leuchtende Riesen, behelmte Raumfahrer und andere Formen extraterrestrischen Lebens auf.[81]

Die Popularität dieser Sichtungen trug dazu bei, daß bald weitere Zeugen angaben, sie hätten nicht nur ein Ufo gesehen, sondern wären auch von dessen Piloten entführt worden. 1975 behauptete der Holzfäller Travis Walton, er hätte einen Tag an Bord einer Untertasse verbracht. Dr. Hynek glaubte ihm und wertete den Bericht als „den wichtigsten Fall des Jahres". Bis Anfang der achtziger Jahre kamen mehrere Dutzend Entführungsberichte zusammen, die von Holzer[82] gesammelt wurden.

Beginnend mit den Werken Dänikens hatten immer mehr pseudowissenschaftliche Bücher Erfolg auf dem Markt. 1974 veröffentlichte Charles Berlitz sein erstes Buch über das Bermuda-Dreieck, in dem angeblich zahlreiche Schiffe und Flugzeuge verschwunden waren. Obwohl der Historiker Lawrence Kusche[83] bald zeigen konnte, daß die Mähr vom Dreieck eine

Erfindung war, die auf unsaubere Recherche und fiktive Berichte zurückging, wurde das Geheimnis äußerst populär. Fast alle Entführten der siebziger Jahre wollen von ihren Entführern erfahren haben, daß diese eine Basis im Bermuda-Dreieck hätten.

Die Hauptannahme der Bermuda-Dreieck-Autoren war, daß sich auf dem Grunde des Atlantiks eine Ufo-Basis befinde, von der aus Raumschiffe immer wieder Flugzeuge und Schiffe entführten. „Wir waren", wie bereits Fort ironisch geunkt hatte, „Eigentum der Außerirdischen".

War bis dahin die Entführung eine Variante der CE III-Berichte gewesen, so erweckte nun der Dreiecks-Mythos die Vorstellung, Entführungen seien der eigentliche Kern des Phänomens. Mittlerweile waren genug Prototypen des Entführungserlebnisses veröffentlicht worden, die den Menschen, die eine unerklärliche Erfahrung erlebten, die Möglichkeit gaben, diese in der Terminologie der CE IV zu berichten.

Zur gleichen Zeit veröffentlichte der Mediziner Raymond Moody zwei Bücher über Nahtoderfahrungen. Dabei handelt es sich um die Erlebnisse von Menschen, die klinisch tot waren. Gewöhnlich löste sich bei ihnen eine Art Seele aus dem Körper und betrachtete sich selbst von außen. Dabei wurden Leuchterscheinungen wahrgenommen. Das Ich schlüpfte dann durch einen engen, dunklen Tunnel in einen hellerleuchteten Raum, in dem sich die Geister von Freunden und Verwandten befanden, häufig auch eine Art helles Licht oder Lichtperson, die als Gott gedeutet wurde. Nach einem Bewußtseinsverlust erwachte der Zeuge dann wieder in seinem stofflichen Körper[84] – also im Grunde eine religiös interpretierte Entführung. Moodys Bücher waren so populär, daß sie zu Bestsellern wurden. Zwischen 1975 und 1978 erschienen zahlreiche Artikel über Nahtoderfahrungen in den populärwissenschaftlichen Magazinen und – vor allem – den amerikanischen Massenblättern.

Die Motive des Bermuda-Dreiecks und der Entführung benutzte der amerikanische Regisseur Steven Spielberg 1977 in seinem Film „Close Encounters" (Unheimliche Begegnung der dritten Art). Der Titel ging auf Hyneks Klassifikation zurück,

der Astronom wirkte auch als „wissenschaftlicher Mitarbeiter"
am Film mit.

Der Film beginnt mit einfachen Sichtungen von Nachtlich-
tern. Ein Zeuge hat dann eine nahe Begegnung mit einem hellerleuchteten Ufo auf einer einsamen Landstraße. Er erhält telepa-
thisch die Botschaft, an einem bestimmten Tag am Landeplatz
der Außerirdischen zu erscheinen. Bei seiner Suche nach der
Wahrheit und bei seinem verzweifelten Versuch, seine Erlebnisse rational zu verarbeiten, trifft er auf die Mutter eines Kindes,
das bereits von einem Ufo verschleppt worden ist.

Währenddessen laden riesige Raumschiffe die Flugzeuge und
Boote, die im Bermuda-Dreieck gekidnappt wurden, in den
Wüsten der Erde ab. Wissenschaftler eilen zu diesen Orten, an
denen Sekten entstanden sind, die ebenfalls Mitteilungen über
die bevorstehende Landung erhalten haben. Mittlerweile hat
auch das amerikanische Militär Ort und Datum der geplanten
Landung errechnet. Das Gebiet wird abgesperrt, das Vieh ver-
giftet, ein chemischer Unfall vorgespielt. Der Mann und die
Frau können gemeinsam zu dem Landepunkt vordringen: Ihr
starker Wille, sich selbst zu beweisen, daß sie nicht verrückt
sind, hilft ihnen dabei. Doch ihre Ehe ist der Belastung des
Erlebnisses nicht gewachsen und zerbricht.

Schließlich landet das riesige Mutterschiff der Außerirdischen, aus dem friedliche kleine embryonenhafte Humanoiden
steigen. Sie bringen das entführte Kind zurück und nehmen den
Mann zu einem Flug in den Kosmos mit. Die Landung des
Raumschiffes, das wie eine Kathedrale gestaltet ist, und die un-
terlegte pathetische Orgelmusik bilden das semi-religiöse Finale
des Filmes.

Der Spielfilm ist die bisher genaueste künstlerische Studie
eines Ufo-Kontaktlers. Otto Billig[85] findet hier alle Elemente
einer echten religiösen Vision verwirklicht: „Der Film zeigt
Reaktionen, die im Geiste des Menschen auf der ganzen Welt
verankert scheinen. Die Parallelen lassen sich in den Märchen
und Mythologien der Völker finden. Der Hauptdarsteller erhält
Kontakt mit übernatürlichen Wesen, deren Wissen das menschliche weit übertrifft. Die Humanoiden sind Zwerge – klein an

Statur, doch Besitzer großer Kräfte. Sie lehren den Helden durch wahrhaft übernatürliche Gefahren. Doch der Mut und die Entschlossenheit des Helden siegt zum Schluß über die Gefahr."

Der Film führte zu einem erneuten Aufleben des Interesses an Ufos und wurde zu einem der größten Erfolge an der Kinokasse. In Italien löste er die größte Ufo-Welle des Landes aus, in der alle fiktiven Elemente des Films in die ufologische Realität übertragen wurden.[86]

1977 wiederholte sich nicht nur eine Ufo-Welle in den USA, sondern auch Ungeheuersichtungen nahmen zu. Clark und Coleman[87] widmen diesen Beobachtungen von Schneemenschen, Flugsauriern und Riesenkatzen ein Kapitel in ihrem interessanten Buch über amerikanische Monster.

Bereits 1973 hatte Hynek, nachdem er als Berater der Luftwaffe aus deren Ufo-Projekt ausgeschieden war, das „Center for UFO-Studies" (CUFOS) gegründet. Enttäuscht über die fehlende Methodik bei den Untersuchungen des Militärs und der seiner Meinung nach unwissenschaftlichen Arbeit der Universität von Colorado, etablierte er dieses Zentrum für eine unvoreingenommene Erforschung der Ufo-Sichtungen. Nach seinen Plänen sollten ausschließlich Wissenschaftler mitarbeiten. Das CUFOS ist der Ansicht, daß Ufos tatsächlich existieren, will sich aber nicht auf eine Interpretation festlegen.[88] Hynek selbst ging anfänglich von dem außerirdischen Ursprung der Ufos aus, vermutete aber später, es handle sich um Besucher „aus einer anderen Dimension".

Alan Hendry, der Hauptuntersucher des CUFOS, folgerte Anfang der achtziger Jahre nach einer Analyse von Hunderten von Ufo-Berichten, daß Ufos von Ifos, also identifizierten fliegenden Objekten, statistisch nicht zu unterscheiden seien und das Ufo-Phänomen daher vor allem auf die Unfähigkeit der Zeugen zurückgehe, alltägliche Stimuli am Himmel richtig einzuschätzen. Er wurde daraufhin entlassen.[89]

Schon während der sechziger Jahre hatten die beiden größten privaten Organisationen, APRO und NICAP, immer mehr an Einfluß in der Szene verloren. Eine neue Gruppe, MUFON,

das „Mutual UFO Network" (Ufo-Forschungsnetz), übernahm ihren Platz. MUFON ist laut Satzung neutral, unterstützt
aber de facto die außerirdische Hypothese. Vor allem auf Kon-
gressen des MUFON wurden und werden Entführungsberichte
und Geschichten über abgestürzte Untertassen verbreitet. Die
Organisation scheint hauptverantwortlich für die neue Popularität dieser Erklärung zu sein.[90]

Die achtziger Jahre – Mit Hypnose auf Ufo-Jagd

Die achtziger Jahre begannen mit einem aufsehenerregenden
Fall, der viele Ufo-Interessierte wieder davon überzeugte, daß
es sich bei den gesichteten Objekten um Raumschiffe handelte.
Am 29. Dezember 1980 fuhren Betty Cash, Vicki Landrum und
Colby Landrum bei Houston durch die kalte texanische Nacht.
Einige Meilen voraus bemerkten sie ein ungewöhnlich helles
Licht über den Bäumen. Es verschwand und tauchte dann
plötzlich direkt über ihnen wieder auf. Es war ein gewaltiges
leuchtendes Karo. Die drei hielten das Auto an. Vicki Landrum
glaubte aufgrund ihrer fundamentalistisch christlichen Einstellung, sie beobachte die Wiederkehr Christi. Das Ufo stieß in
regelmäßigen Abständen Flammen aus. Die Zeugen hörten ein
durchdringendes ununterbrochenes Piepsen.

Aus Angst, von der Hitze des Ufos verbrannt zu werden,
stiegen die Zeugen aus dem Auto, das glühend heiß geworden
war. Sie stellten sich neben das Fahrzeug und beobachteten das
Ufo. Einige Minuten später sollen dann große amerikanische
Armeehubschrauber erschienen sein, die das Ufo wegeskortier-
ten. Die drei Zeugen wollen durch das Ufo starke Verbrennungen erlitten haben.[91]

Der Untersucher des Falles, John Schuessler, ging davon aus,
daß die drei ein außerirdisches Raumschiff gesehen hatten. Andere Ufo-Forscher vermuteten, es hätte sich um ein geheimes
Testflugzeug der Armee gehandelt. Man darf allerdings nicht
vergessen, daß keine unabhängigen Zeugenaussagen vorliegen,
nach denen das Ufo auch von anderen beobachtet wurde. Auch

wenn die fotografisch dokumentierten Verbrennungen der Zeugen sehr eindrucksvoll sind, liegen doch keine Krankenberichte vor, die den Zustand vor der Begegnung dokumentieren. Es kann also nicht geklärt werden, ob die „Strahlenschäden" von dem Ufo stammen oder nicht. Der Fall überzeugte trotzdem mehrere zuvor skeptische Ufo-Forscher von der Realität außerirdischer Raumschiffe.

Zur gleichen Zeit soll eine fliegende Untertasse in England abgestürzt sein. Im Rendlesham Forest an der ostenglischen Küste wollen amerikanische Soldaten beobachtet haben, wie ein hellstrahlendes Objekt im Wald niederging. Zumindest eine Ufo-Forscherin, die zuvor psychologisch-soziologisch orientiert war, Jenny Randles, wurde durch den Fall wieder eine Anhängerin außerirdischer Raumschiffe. Mittlerweile steht ziemlich sicher fest, daß die Soldaten nur einen Meteor und das Licht eines Leuchtturmes beobachtet hatten. Die Augenzeugenberichte, die von einer abgestürzten Untertasse sprachen, entpuppten sich als Gerüchte und Schwindel.[92] Diese beiden Berichte hatten den Boden bereitet, der zu der positiven Aufnahme des Buches „Missing Time" („Von UFOs entführt", 1982) von Budd Hopkins führte. Das war die erste Sammlung von unter Hypnose gegebenen Entführungsberichten. Von der Hill-Sichtung inspiriert, hatte Hopkins begonnen, zuerst Nahbeobachtungszeugen und dann praktisch all seine Bekannten zu hypnotisieren, um nach verdrängten Entführungen zu suchen. Die meisten berichteten tatsächlich von außerirdischen Abenteuern.

Normalerweise wären solche Behauptungen von der Ufo-Szene erst einmal kritisch analysiert worden, doch die bereits zuvor vollzogene Rückwende zur extraterrestrischen Hypothese und der damit verbundene Wunsch nach „endgültigen Beweisen" führten dazu, daß die von Hopkins gesammelten Geschichten ohne viel Einwände wortwörtlich geglaubt wurden.

Da die meisten der von Hopkins befragten Entführten angaben, die Außerirdischen hätten medizinische Tests an ihnen durchgeführt, vermutete er, daß eine fremde Zivilisation planmäßig Menschen entführt, ihnen Genmaterial entnimmt und so die Evolution des homo sapiens manipuliert – Gedanken, die direkt aus den Büchern Erich von Dänikens stammen.[93] Auch Gerüchte über angeblich in den fünfziger Jahren abgestürzte Untertassen fanden nun wieder Glauben.[94] Es wurden sogar neue Fälle gemeldet.[95]

Der Wandel in der ufologischen Meinung hatte wohl mehrere Gründe. Zuerst sicher die Enttäuschung darüber, daß immer noch keine Lösung des Rätsels gefunden worden war, und dann die Tatsache, daß eine psychologische Analyse mehr Fragen aufwarf als sie zu beantworten schien. Es war sicherer, zu simplen mechanistischen Vorstellungen zurückzukehren und auf den ultimativen Beweis in Form eines abgestürzten Raumschiffes zu warten, als sich auf das komplexe Gebiet der menschlichen Wahrnehmung und Vorstellungen zu begeben.

1986 verstarb J. Allen Hynek, der Ufo-Pionier.[96] Er hatte bis zu seinem Tod erfolglos dafür gekämpft, daß die Ufologie als akademische Disziplin anerkannt werde. Sein Kampf hatte ihn dazu geführt, daß er unkritisch Sichtungen als Beweise akzeptierte und zum Schluß auch an die Realität der Entführungen, die er zuerst skeptisch betrachtet hatte, glaubte.

1987 wurden zwei Bücher über Entführungen zu Bestsellern. Das eine war Budd Hopkins „Intruders" („Eindringlinge"), in dem er die Geschichte der Kathie Davis erzählt, das zweite Whitley Striebers „Communion" („Die Besucher"). Strieber, der bereits als Autor von Horrorgeschichten erfolgreich war, landete mit seinem Buch einen regelrechten Hit, der mehrere Monate auf den vordersten Plätzen der Bestsellerliste der „New York Times" stand. Entführungen wurden populär. Neben einer Verfilmung von Striebers Buch gab es einschlägige Episoden auch in den Serien „Soap" und „Denver".

Der amerikanische Avantgardekomponist Philip Glass schrieb eine 1988 uraufgeführte Oper über das Thema: „‚1000 Flugzeuge auf dem Dach' ist die Geschichte von M., einem scheuen Mann aus Manhattan, der sich, als er von einer Verabredung nach Hause geht, plötzlich an Bord eines außerirdischen Raumschiffes befindet. Dort nehmen Außerirdische verschiedene medizinische Tests an ihm vor, bevor sie ihn mit der Warnung, er müsse das Erlebte vollständig vergessen, wieder entlassen. M.'s Versuche, sich an das Ereignis zu erinnern und sich der Welt mitzuteilen, bilden den Kern der Oper (...) Am Ende ist M. halb verrückt geworden und hat fast den ganzen Alptraum vergessen, doch die Angst vor einer erneuten Entführung bleibt".[97]

Unter dem Eindruck der in den achtziger Jahren auf mehrere Hundert bis vielleicht Tausend angeschwollenen Zahl der CE IV-Berichte zog sich mit Jerome Clark auch einer der Mitbegründer der psychosozialen Theorie, die Ufo-Erlebnisse geisteswissenschaftlich deuten will, in die angenehme Welt der außerirdischen Hypothese zurück.[98] So sind heute in den USA kaum noch Ufo-Forscher, die an diese Erlebnisse unvoreingenommen herangehen, übriggeblieben. Das führte dazu, daß ein relativ einfacher Schwindel zum bedeutendsten Fall der Ufo-Geschichte hochgeputscht werden konnte. Ed Walters, ein Geschäftsmann aus Gulf Breeze in Florida behauptete, er habe zwischen November 1987 und Mai 1988 über 20 Begegnungen mit fliegenden Untertassen erlebt, bei denen er über 40 Polaroidfotos der Raumschiffe aufnehmen konnte. Zweimal, im Dezember 1987 und im Mai 1988, wollte Walters sogar von den Außerirdischen entführt worden sein.

MUFON, die größte Ufo-Organisation der USA, stellte sich voll hinter den Fall und erklärte ihn für authentisch.[99] Leider hat man mittlerweile sowohl die Methode, mit der die Bilder gefälscht wurden, als auch das dabei benutzte Modell entdeckt – der Fall, der auch in einem auflagenstarken Buch besprochen wird, war ein einfacher Schwindel.

3. Unheimliche Begegnungen der vierten Art

Entführungen beginnen meist damit, daß der Zeuge oder die Zeugen einen entspannten Zustand erreicht haben, in dem ihre Wahrnehmung eingeschränkt ist – z.B. nach langen Autofahrten, beim Angeln oder kurz vor dem Einschlafen im Bett. Man spricht von der sogenannten „Autobahnhypnose",[1] bei der es zu Halluzinationen kommen kann.

Die Opfer von Entführungen befinden sich zum Zeitpunkt ihres Erlebnisses häufig in einer Krise. Barney Hill, der erste bekannte Entführte, wartete ängstlich auf die Ergebnisse einer medizinischen Untersuchung,[2] der Schriftsteller Whitley Strieber befand sich in einer Schaffenskrise,[3] eine im Januar 1976 entführte Frau fühlte sich vor ihrem Erlebnis „verlassen und einsam".[4] Der englische Autor John Rimmer untersuchte im Zuge der Vorbereitung einer Buchpublikation zahlreiche amerikanische Entführungsopfer psychologisch und stellte dabei fest, daß sie alle unter Beziehungsproblemen litten: „Rimmer bemerkt, daß von elf Entführungsopfern acht Witwer oder Witwen waren, geschieden waren oder unter Problemen in ihrer Ehe litten. Er vermutet, daß sie das ganz besonders anfällig für Suggestion und seelisch beeinflußbar machte".[5]

Die Zeugen haben, wie bereits gesagt, durch lange, monotone Betätigungen einen schlafähnlichen Zustand erreicht. Da bemerken sie ein Licht, das sich ihnen nähert. Zuerst gleicht es vielleicht einem Stern oder einem Flugzeug, es wird jedoch bald, wenn es näher gekommen ist, zu einer typischen fliegenden Untertasse.

„In meinen Interviews mit Zeugen taucht immer wieder ein bestimmter Satz auf: ‚Ich habe noch nie zuvor in meinem Leben so etwas gesehen.' Und ich habe ebenfalls festgestellt, daß Ufo-Beobachter ihr Bestmögliches tun, um ihre Erfahrung konventionell zu beschreiben und zu deuten. Sie versuchen praktisch immer – wenn nötig auch gegen die Fakten ihres Erlebnisses – eine natürliche Erklärung zu finden ... Eine typische Aussage lautet so: ‚Zuerst dachte ich, auf der Straße vor uns sei ein Unfall geschehen – die Lichter glichen den Blinklichtern von Polizeiautos. Dann bemerkte ich, daß die Lichter zu hoch standen, also dachte ich: vielleicht ist es ein Flugzeug in Schwierigkeiten, das mit abgestellten Motoren notlanden will, denn ich hörte kein Geräusch. Dann begriff ich, daß es kein Flugzeug war.' "[6]

Die Worte, die die Zeugen wählen, um anderen zu erklären, wie ihr Ufo ausgesehen hat, zeugen von ihrer Hilflosigkeit angesichts der Tatsache, daß das Gesehene so unbeschreiblich fremdartig war: Einige Zeugen beschrieben ein Ufo „wie eine Gurkenscheibe", mit einer Farbe „wie ein Verkehrsschild". Andere Zeugen waren nicht in der Lage, die Farbe zu beschreiben, oder sie versuchten, das Leuchten der Objekte mit etwas Bekanntem zu vergleichen, waren dazu aber nicht fähig. „Es ist erstaunlich", bemerkt Hynek,[7] „wenn man sieht, wie oft sich die Zeugen außerstande fühlen, eine sinnvolle Beschreibung ihres Erlebnisses zu geben."

Der Entführte Strieber, immerhin ein erfolgreicher Schriftsteller, meint: „Wenn die Ereignisse wirklich fremdartig sind, dann hat der Verstand keinen Kontext, keine Terminologie, um sie begreifen zu können. Man wird innerlich still, beobachtet, ohne zu kommentieren."[8]

Das Ufo-Erlebnis unterscheidet sich für den Beobachter so sehr von Alltagserlebnissen, daß er sich anstrengen muß, wenn er es mit bekannten Empfindungen, Farben und Worten beschreiben soll. Eine ähnliche Unfähigkeit, Erlebtes in Worte zu fassen, kann man auch bei Menschen beobachten, die eine mystische Erfahrung erlebt oder halluzinogene Drogen eingenommen haben. Eine Versuchsperson, die ihren LSD-Rausch beschreiben sollte, meinte nur: „Es gibt keine Worte dafür. Ich will es versuchen, aber die Sprache reicht dafür nicht aus."[9]

Hynek vermutet, die Sprachlosigkeit der Zeugen und die „Eskalation der möglichen Erklärungen", mit der sie ihr Erlebnis rationalisieren wollen, sprächen gegen die Möglichkeit, bei

Ufo-Erfahrungen handele es sich um reine Halluzinationen: „Dieser Prozeß von der einfachen, schnellen Beschreibung und Erklärung schrittweise hin zu der Erkenntnis, daß keine Beschreibung ausreicht (die Eskalation der möglichen Erklärungen), taucht so oft auf, daß die Vorstellung, der Ufo-Beobachter habe seine Sichtung nur aus irgendeinem persönlichen unbewußten Wunsch konstruiert, für mich nicht akzeptabel ist."[10]

Hynek zum Trotz können die meisten Ufos, gerade auch bei den Entführungsberichten, auf gewöhnliche und alltägliche Stimuli zurückgeführt werden. Die Untertasse, die Barney und Betty Hill sahen, konnte als der Planet Jupiter identifiziert werden.[11] Ein unheimliches, halbtransparentes Ufo, das einen schottischen Waldarbeiter angriff, war ebenfalls nur ein Planet.[12] Ufos, die zeitgleich mit Striebers[13] Entführung beobachtet wurden, klingen nach gewöhnlichen Flugzeugen oder wurden als Schwindel entlarvt.

Nachdem also ein solcher auslösender Stimulus, der später oft konventionell erklärt werden kann, von dem Zeugen in einem Moment geschwächter Aufmerksamkeit wahrgenommen wird, verfallen die Zeugen, wenn sie erst einmal jede natürliche Erklärung verworfen haben, dem „Oz-Faktor": Damit beschreibt die englische Ufo-Forscherin Jenny Randles[14] das Gefühl der Zeugen, daß die Umwelt irgendwie verändert wirkt. Das Zeitgefühl der Zeugen wird unsicher, eine gewöhnlich gut befahrene Straße wirkt vereinsamt, vollkommene Stille, oft ohne Vogelstimmen, legt sich über die Landschaft, kurzum, der Oz-Faktor bedeutet einen Verlust des alltäglichen Zeit- und Raumgefühls. In diesem Zustand der zeitlichen und räumlichen Orientierungslosigkeit hat der Zeuge das Gefühl, daß bald etwas Ungewöhnliches geschehen wird: Mit einem Fuß ist er bereits im Märchenland.

Jetzt nähert sich der ursprünglich ausgemachte Stimulus dem Zeugen, wird dabei größer und größer, bis er als typische fliegende Untertasse zu erkennen ist. Das Raumschiff vom anderen Stern landet nun direkt vor oder neben dem Auto oder Haus des Zeugen. Die Landestelle liegt häufig in Kurven, bei Brücken oder Kreuzungen – Orte, die bereits im Mittelalter als Übergangspunkt zwischen unserer Welt und der Welt des Übernatürlichen galten. Hier konnte man Geister und Kobolde, Monster und Phantome sehen.[15]

Bei Opfern, deren Entführung sich in einem Haus abspielt, löst häufig ein akustischer oder optischer Reiz kurz vorm Einschlafen den Oz-Faktor aus. Solche Wahrnehmungsstörungen kennt eigentlich jeder, sie werden in der medizinischen Literatur seit langem eingehend beschrieben. Whitley Strieber,[16] ein bekannter amerikanischer Schriftsteller, der in seinem Blockhaus im Staate New York entführt wurde, lag müde in seinem Bett, als er Schritte hörte. Die Gegend war damals für ihre zahlreichen Ufo-Sichtungen bekannt. Die Schritte kamen näher, mehrere kleine Männchen erschienen, die Strieber berührten. Er schien durch das eigenartigerweise verschwundene Hausdach hindurch nach oben in den Sternenhimmel zu schweben, dort wurde er in ein Ufo geschleppt und schmerzhaften medizinischen Untersuchungen unterzogen.

Das Innere der Raumschiffe und die medizinischen Untersuchungen, die die Humanoiden dort an ihren Opfern durchführen, beschreiben Zeugen weltweit in praktisch genau den gleichen Worten. Form, Sprache und Herkunft der Ufo-Piloten sind jedoch in fast allen Entführungsberichten unterschiedlich, obwohl sich mittlerweile in den USA der Typ des embryonenhaften Außerirdischen durchgesetzt hat, vor allem durch die Bestseller Hopkins und Steven Spielbergs Film „Unheimliche Begegnungen der dritten Art". Doch selbst hier sind große Abweichungen feststellbar. Obwohl z.B. Striebers Ufonauten im Grunde den embryonenhaften ETs entsprechen, hält er sie für eine Art Insekten – das steht im Widerspruch zu anderen Entführungsberichten, in denen die Wesen als äußerst menschenähnlich geschildert wurden. Jeder Entführungsbericht enthält zudem Erzählmotive, die offenbar in keinem anderen anzutreffen sind. Das Grundmuster ist also relativ rigide angelegt, wird aber von den individuellen Zeugen mit eigenem Material ergänzt.

Das Innere der Ufos ist rund, fugenlos und kühl bis kalt. Manchmal hält sich der Zeuge in mehr als einem Raum auf, doch alle Kammern sind hell erleuchtet, ohne daß der Zeuge eine Lichtquelle findet. Türen und andere Öffnungen sind nicht sichtbar, erscheinen aber einfach, wenn die fremden Wesen eintreten.[17] Tische, medizinische Apparate und Bildschirme scheinen im Inneren nicht befestigt zu sein, sondern organisch aus dem Hüllenmaterial herauszuwachsen. Wird von mehreren Räumen berichtet, sprengt deren Ausmaß meist den von außen beobachteten Durchmesser des angeblichen Raumschiffes. Manchmal, jedoch nur in den seltensten Fällen, werden höhlenartige Räume im Raumschiff beobachtet.

Die Zeugen müssen schmerzhafte medizinische Untersuchungen über sich ergehen lassen. Mit langen Nadeln wird in ihren Bäuchen herumgestochen, Augen werden aus den Höhlen herausgeholt, den Frauen werden Eizellen, den Männern Spermien entnommen – oft auf schmerzhafte Weise durch extrem unhandliche Geräte. Nach einigen Berichten sind Frauen von außerirdischen Männern vergewaltigt worden, in anderen Fällen werden Männer mit Ölen eingerieben und dazu gebracht, mit außerirdischen Schönheiten den Geschlechtsakt zu vollziehen. Strieber mußte es sich gefallen lassen, daß eine wurmartige Maschine mit vielen Kabeln in seinen After eingeführt wurde und in seinen Darm eindrang. Einige Frauen erklärten, sie seien von Außerirdischen (entweder künstlich oder durch Geschlechtsverkehr) geschwängert worden, Monate später seien sie dann erneut entführt worden – und die Extraterrestrier entfernten den Embryo, um ihn zu behalten.[18]

Sexuelle Inhalte angenehmer oder (fast immer) unangenehmer und schmerzhafter Natur spielen in praktisch allen Entführungsberichten eine wichtige Rolle. Smith[19] hat festgestellt, daß in brasilianischen Berichten immer erotische Abenteuer mit außerirdischen Pin-Up-Girls vorkommen. Ribera[20] erwähnt die Amerikanerin Shane Kurz, die zuerst in ihrem Zimmer von einem zeppelinartigen Raumschiff bedrängt und dann von Außerirdischen vergewaltigt worden sein soll,[21] die südafrikanische Kontaktlerin Elisabeth Klarer will sogar ein außerirdisches Kind zur Welt gebracht haben.[22] Budd Hopkins[23] untersuchte den Fall einer Frau, die entführt und geschwängert wurde, später sollen dann die Humanoiden das Kind wieder aus dem Mutterleib entfernt haben.

Die Zeugen haben nur in den wenigsten Fällen eine bewußte Erinnerung an ihr Erlebnis. Sie bemerken nur einen unerklärlichen Zeitverlust, der von wenigen Minuten über eine halbe Stunde bis zu einem Tag reichen kann. Dieser Zeitverlust wird nach der Beobachtung des Stimulus erfahren. Die Zeugen erwachen im Bett oder befinden sich plötzlich wieder im fahrenden Auto.

Der eigentliche Aufenthalt im Ufo wird den Zeugen erst unter regressiver Hypnose entlockt. Darunter versteht man die Rückführung eines hypnotisierten Menschen (Subjekt) zu einer Zeit in seiner Vergangenheit, an die er sich dann besser erinnert als im wachen Zustand. Verschiedene Autoren haben vermutet, daß die Humanoiden die Erfahrung aus dem Gedächtnis der Zeugen löschen (das allerdings so stümperhaft, daß unter Hypnose das Ganze doch wieder zum Vorschein kommt).

Bertrand Méheust[24] spricht davon, daß dieses Vergessen eine „moderne Form des religiösen Tabus sei, als posthypnotische Suggestion verkleidet, die von den Ufonauten stammt." Dieses Tabu, das angeordnete Vergessen eines Kontaktes mit dem Übernatürlichen, entspricht dem Gebot Gottes im Alten Testament, seinen Namen weder zu schreiben noch auszusprechen, und hat sich bei uns in märchenhafter Form in der Geschichte vom Rumpelstilzchen erhalten. Die Bibel sagt sogar, daß man Gott nicht ins Angesicht sehen darf – das Göttliche darf erfahren, aber nicht in Begriffe gefaßt werden.

Dennis Stillings[25] hat bemerkt, daß praktisch alle amerikanischen Entführungsberichte von einer einzigen Quelle stammen, von dem Ufo-Forscher Budd Hopkins. Hopkins läßt regelmäßig Leute hypnotisieren, von denen er vermutet, sie seien entführt worden. Viele seiner Opfer haben nicht einmal ein Ufo gesehen, sondern nur eigenartige Ängste oder Träume erlebt. Hopkins hält solche Träume (z.B. von einer großen Eule), Ängste (z.B. vor einem bestimmten Straßenabschnitt) wie auch angenommene Zeitverluste für Schutzerinnerungen und vermutet dahinter posthypnotische Suggestionen. Hopkins läßt diese

Menschen hypnotisieren, bis jetzt scheint er auch jedesmal auf eine Entführung gestoßen zu sein. Einer von Hopkins Subjekten, Steve Kilburn z.B., hatte nur Angst vor einer bestimmten Straße,[26] Virginia Horton erinnerte sich nur an einen unwirklichen Kindheitstraum, in dem ein wunderschöner Hirsch eine Rolle spielte.[27]

Typischer Bestandteil eines CE IV-Berichtes ist also nicht unbedingt immer ein imaginäres oder reales Ufo-Ereignis, viele Entführte erinnern sich weder an eine Entführung noch an eine Ufo-Sichtung. Sie sind nur aufgrund eigenartiger Erinnerungen verwirrt und produzieren dann unter Hypnose komplexe Abenteuer in fremden Raumschiffen.

Kritiker, allen voran der kalifornische Psychologe Alvin Lawson, vermuten deshalb, daß ein Großteil der CE IV-Erfahrungen erst unter Hypnose entsteht. Er hat Studenten hypnotisiert, die angaben, noch nie ein Ufo gesehen zu haben, und erhielt Ergebnisse, die den Geschichten angeblich wirklich Entführter verblüffend ähneln.

Außer Lawsons „imaginären Entführungen" gibt es mehrere weitere Faktoren, die vermuten lassen, daß es sich bei Entführungen vor allem um halluzinatorische Erlebnisse handelt, die spontan, unter Hypnose- oder Drogeneinfluß oder bewußt kreativ entstehen können.

Als in Pascagoula im US-Staat-Mississippi zwei Angler während einer Welle von Ufo-Sichtungen im Herbst 1973 am 11. Oktober in ein Ufo gebracht und dort untersucht wurden, waren sie die einzigen, die das riesige Ufo sahen, obwohl direkt daneben eine dichtbefahrene Autobahn entlangführte. Auch ein Schleusenwärter, der die Stelle, an der die Entführung angeblich stattfand, überblicken konnte, bemerkte nichts Ungewöhnliches.[28]

Paul Devereux[29] führt ein ähnliches Beispiel aus Australien an: „Ein Beispiel ... ist der Fall der Maureen Puddy ... Sie gab an, dreimal Ufos begegnet zu sein, beim dritten Mal sah sie einen Außerirdischen und ging an Bord. Dort konnte sie beträchtliche Details erkennen. Diese Erlebnisse wühlten sie emotional beträchtlich auf, doch sie geschahen in Anwesenheit von zwei UFO-Forschern, die selbst nichts sahen. Selbst als Maureen in dem UFO war, befand sich ihr stofflicher Körper bei den anderen beiden im Auto."

Wie die meisten Entführungsopfer durchlebte auch Maureen Puddy zum Zeitpunkt ihrer Erfahrung eine Krise: „Es muß wohl kaum betont werden, daß sie unter persönlichem, häuslichem Streß stand. Sie hatte zwei kleine Kinder und einen behinderten Mann, der zwei Monate nach der angeblichen Entführung starb."

Offenbar sind solche imaginären Entführungen (die sich nicht von den sogenannten „authentischen" unterscheiden) immer eine Reaktion auf Streß und ungewöhnliche Belastungen.

Eine weitere Schwäche der hypnotischen Rückführung liegt darin, daß Erinnerungen, die unter Hypnose wiedergegeben werden, nicht genau das reflektieren, was zu der Zeit stattfand, in der das durch die Hypnose Heraufbeschworene geschah. Die Psychologen Hall, McFeathers und Loftus[30] haben nachgewiesen, daß sich Erinnerungen unter dem Einfluß neuer Erkenntnisse und Erfahrungen allmählich verändern. Im Falle der entführten Hills, die vor ihrer Hypnosesitzung mehrere Vorträge über Ufos besuchten, könnte die Erinnerung vollkommen umgeformt worden sein: „Zusätzliche Informationen werden erworben und häufig mit der ursprünglichen Erinnerung verbunden. Nachdem sie geschaffen wurde, ist diese neue Erinnerung ebenso real für die Person wie die als Resultat wirklicher Wahrnehmungen erworbenen Erinnerungen."

Nach der Entführung, häufig aber auch erst nach der erfolgreichen Bestätigung durch die Hypnose, durchlaufen die Zeugen einen Prozeß der kulturellen Rekonditionierung, d.h. sie ändern ihren Lebensstil, ihre Ansichten und Interessen. Strieber, der lange Zeit unfähig gewesen war zu arbeiten, und der nach seiner Entführung so labil war, daß er immer wieder in Weinkrämpfe ausbrach, faßte neue Kraft und schrieb ein Buch über seine Erlebnisse, das zum Bestseller wurde. Das Ehepaar Day aus London, das im Oktober 1974 zusammen mit seinen Kindern entführt wurde, veränderte nach dem Erlebnis ihr ganzes Leben. John Day begann, Gedichte mit philosophischem

Inhalt zu verfassen, die ganze Familie schränkte ihren Fleischkonsum drastisch ein und lebte noch vor Jahresende ganz vegetarisch. John und Sue Day wurden zu Abstinenzlern, John, der 60 bis 70 Zigaretten am Tag geraucht hatte, verwandelte sich in einen Nichtraucher.[31] Viele Opfer, die sich vorher einsam fühlten, werden zu Ufo-Forschern und finden so als Untersucher und Opfer doppelte Aufmerksamkeit. Eine von drei im Januar 1976 entführten Frauen trat einer Ufo-Forschungsgruppe bei und wurde von zahllosen Ufologen interviewt: „Da so viele, häufig besser ausgebildete Menschen Interesse an Frau A. und ihrer Begegnung zeigten, wurde sie selbstbewußter und in ihren gesellschaftlichen Beziehungen weniger zögerlich."[32]

Viele Entführungsopfer sprechen davon, daß sie trotz ihrer schmerzhaften Erlebnisse und der äußerst labilen Phase nach ihrer Entführung nun „plötzlich bewußter" geworden seien.[33] Lydia Stalnaker, vorher ungläubig, ist zur inbrünstigen Christin geworden.[34] Andere Entführte glauben, paranormale Fähigkeiten, wie Telepathie oder Hellsehen, entwickelt zu haben.

Wie immer sich der Wandel im Leben der Entführten äußert, er ist nicht nur auf die Überzeugungen der Opfer beschränkt. Viele tauchen als Folge ihrer Begegnung in ein Märchenland ein, in dem viele unerklärliche Dinge möglich sind. Betty Hill, die erste Entführte, sah noch 1985 allnächtlich Ufos, teilweise sogar gelandete Raumschiffe, obwohl Ufo-Forscher feststellten, daß es sich dabei nur um Flugzeuglichter und Straßenlaternen handelte.[35] Ellicia Gruen, die bereits als Kind aus ihrem Bett entführt wurde, begegnete ebenfalls später noch häufig Ufos. Wie die Gansbergs[36] in ihrer unkritischen Studie bewundernd feststellen, „sah sie Dutzende von Ufos über ihrem Haus". Ein Poltergeist machte sich in ihrem Haus bemerkbar. Frau Gruen begann, wie von Geisterhand geführt, Gedichte zu schreiben, ihr dreijähriger Sohn fing an, in Zungen zu reden, sie selbst machte Zukunftsvoraussagen. Mittlerweile hat sie zahlreiche Fotos von unidentifizierbaren Fußspuren in ihrem Garten und Ufos über ihrem Haus aufgenommen.

Mona Stafford (eine der drei Entführten, die von dem Psychiater Otto Billig untersucht wurden) glaubt, die Ankunft von Ufos vorhersagen zu können,[37] ebenso Carl Higdon, ein weiterer Entführter.[38] Jessica Rolfe hat seit ihrer Entführung außerkörperliche Erfahrungen erlebt und paranormale Fähigkeiten entwickelt. Diese Liste ließe sich beliebig fortsetzen, praktisch alle Entführungsopfer haben nach ihrem Erlebnis ein weites Spektrum zusätzlicher anormaler Erfahrungen gemacht oder beginnen, andere Zeugen aufzusuchen und zu befragen.

Es ist verständlich, daß die Opfer, die schon Schwierigkeiten haben, bei ihren Ehepartnern und Nachbarn Glauben zu finden, wenn sie erst einmal in das paranormale Märchenreich eingetaucht sind, noch größere Probleme haben, als normal akzeptiert zu werden.

Da der Ufo-Entführung meist eine längere Zeit der schlechten Gesundheit folgt, in der die Opfer von Alpträumen und Ängsten geplagt werden,[39] sind die Zeugen über ihr Eintauchen in das Märchenreich, jene extrageographische Region, in der Kontakte zwischen Menschen und übernatürlichen Wesen möglich sind,[40] zufrieden. Während der problematischen Zeit nach dem Erlebnis und noch anfänglich in der „Eintauchperiode" versucht das Opfer, andere von seiner Aufrichtigkeit zu überzeugen. Da das selten von Erfolg gekrönt ist, lassen sich die Entführten ganz auf ihr Leben im Märchenreich ein, unter Umständen, ohne dabei an alltäglicher Lebenstüchtigkeit einzubüßen. Viele wechseln ihren Wohnort und suchen Kontakt zu Ufo-Gruppen, wo man ihnen Gehör und Glauben schenkt. Sie schaffen sich eine neue soziale Umwelt.[41]

Viele der Zeugen, die sich an ein CE IV-Erlebnis erinnern können, lassen sich hypnotisieren, um so den Beweis für ihre Aufrichtigkeit zu erbringen. Zusätzlich wollen sie sich selbst versichern, daß sie nicht verrückt geworden sind. Strieber beschreibt eindringlich seine Probleme – er befürchtete, wahnsinnig zu werden und akzeptierte daher sofort die unter Hypnose generierten Erinnerungen.

Einige Zeugen unterziehen sich einem Lügendetektortest, um einen Beweis für ihre Lauterkeit vorweisen zu können. Charles Hickson unterzog sich einem Test,[42] ebenfalls Travis Walton, der im November 1975 in Arizona entführt worden sein will,[43] ebenso Strieber.[44] Als der skeptische Ufo-Forscher Klass Strieber bezichtigte, er sei ein Lügner, konterte der Beschuldigte sichtlich erregt mit dem Ausdruck seines Polygraphentests.[45]

Zahlreiche Zeugen ziehen es wegen der feindlichen Haltung vieler Wissenschaftler vor zu schweigen. Andere schreiben ein Buch über ihre Erlebnisse. Sowohl Strieber[46] als auch Walton[47] und mehrere andere Entführte[48] haben diese Möglichkeit gewählt oder lassen ein Buch über ihre Erfahrung schreiben (der Erfolgsjournalist Fuller z.B. verfaßte ein Buch über die Entführung der Hills). Das ist einerseits der Versuch, sich das traumatische Erlebnis „von der Seele zu schreiben", andererseits den Fall unverzerrt darzustellen und die Entstellung durch die Medien zu vermeiden.[49]

Nach einiger Zeit scheitern für die meisten Zeugen alle Hoffnungen, mit der alten Umwelt zurechtzukommen. Sie vergessen entweder ihre Erfahrung oder ziehen um. In ihrer neuen Umgebung berichten sie nichts von ihrem Kontakt, um nicht ein weiteres Mal mit dem Problem des Spottes und des Unverständnisses konfrontiert zu werden. Die meisten Zeugen suchen sich unter Ufo-Interessierten einen neuen Bekanntenkreis, wo sie weder ihre Erfahrung noch ihr Gefühl des Auserwähltseins verschweigen müssen.[50]

In der Gruppe der Ufo-Anhänger finden die Entführten die Anerkennung, die ihnen von der Gesellschaft versagt wurde. Man lacht sie nicht aus, sie spielen sogar eine Rolle als besondere Kontaktleute der Außerirdischen. Als Entführungen in den New Yorker Intellektuellenkreisen Mitte der achtziger Jahre „modern" waren, wurde eine Entführte „wie eine Heilige" behandelt.[51] Für viele ersetzt die Ufo-Subkultur das frühere soziale Umfeld.

Das ist für die meisten ohnehin in die Brüche gegangen: Frau Gruen ließ sich von ihrem Mann scheiden, weil er Kapital aus ihrem Erlebnis schlagen wollte.[52] Strieber beschreibt die Spannungen, die seine Entführung in der Beziehung zu seiner Frau schuf, und Geffrey Greenshaw war von der Reaktion seiner Landsleute auf sein Kontakterlebnis so enttäuscht, daß er auswanderte.[53]

Trotz aller negativen Erfahrungen, trotz des schmerzhaften Entführungserlebnisses sind die meisten Opfer froh darüber, daß sie dieses Erlebnis hatten. Als Grund wird häufig der erfolgte tiefgreifende Wandel im Leben angegeben. Einsame, unglückliche Menschen haben einen neuen Sinn im Leben gefunden. Sie fühlen sich „auserwählt", sie sind „einzigartig". Das Selbstbewußtsein steigt, neue Aufgaben in den Ufo-Gruppen werden übernommen, manche werden sogar erfolgreiche Buchautoren, die meisten haben zumindest Gelegenheit, wiederholt in den örtlichen Fernsehtalkshows aufzutreten.

„Die meisten Entführten", schreiben die Gansbergs,[54] „haben nun gelernt, daß es mehr im Leben gibt als die langweilige Routine des Alltags. Sie haben ein neues Verständnis für ihr Dasein gefunden, eine neue Dimension. Sie lesen mehr, denken stärker über den Sinn des Lebens nach, nutzen ihre Freizeit besser und fühlen sich erfüllter als zuvor. So wie sie es verstehen, war ihre Entführung fast eine religiöse Erfahrung, ein Aufbruch zu neuem Glauben."

Das erinnert an die Riten der Schamanen, die sich durch Drogen in einen Schlafzustand versetzen, in dem sie das Reich der Geister besuchen. Wenn sie zurückkehren, sind sie eine Weile krank, aber kaum sind sie genesen, können sie ihre im Jenseits erworbenen Zauberkräfte im Dienste der Allgemeinheit einsetzen. Diese symbolische Wiedergeburt nach dem symbolischen Tod scheint auch das Grundmotiv der Entführungen zu sein. Das CE IV-Erlebnis, das zuerst wie eine billige Science Fiction klingt, ist wohl ein technisch verbrämtes Konversionserlebnis.

Der belgische Ufo-Forscher Méheust[55] meint genau das, wenn er schreibt, wir lebten in „der ersten Gesellschaft, die ihr soziales Leben vollkommen ohne Bezug auf etwas Heiliges ausgerichtet hat. Und jetzt beobachten wir zum ersten Mal das Erscheinen einer heiligen Erfahrung, die völlig losgelöst von ihren traditionellen kulturellen Formen erscheint."

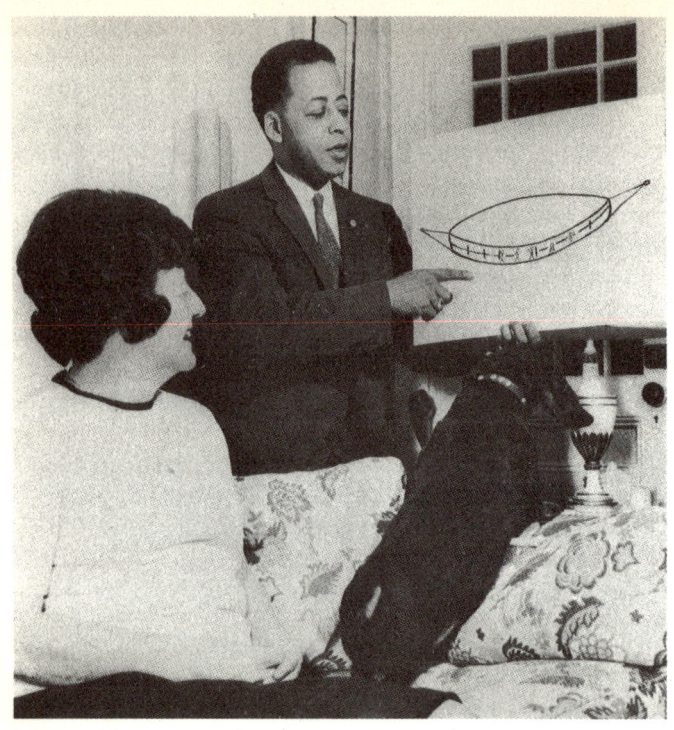

Abb. 8: Das Ehepaar Betty und Barney Hill, das im September 1961 an Bord eines Raumschiffes verschleppt und medizinischen Untersuchungen unterzogen wurde.

Barney und Betty Hill, 1961

Der berühmteste Ufo-Fall ist wohl der in unzähligen Büchern und Magazinartikeln veröffentlichte Bericht des gemischtrassigen Ehepaars Hill. Beide spürten die Intoleranz ihrer Umgebung, Barney litt unter einer Unterleibskrankheit. Betty Hills Schwester hatte bereits Ufos gesehen – und von einem Besuch bei dieser Schwester kehrte das Paar im Jahr 1961 zurück, als es nach mehreren Stunden Fahrt durch das einsame New Hampshire nachts ein helles Objekt vor sich sah.

Zwei Stunden später kamen Barney und Betty Hill einige

Meilen vom Sichtungsort entfernt wieder zu sich. Betty wurde von Alpträumen gequält, in denen sie und ihr Mann in das „Ufo" geschleppt wurden. Sie begann, Vorträge über Ufos zu halten und Bücher über das Thema zu lesen. Barney war nüchterner und zweifelte an dem Realitätsgehalt der Träume. Betty vermutete, ihre Ängste seien eine Erinnerung an die „verlorenen" zwei Stunden (da die Hills zum ersten Mal Landstraßen und nicht die Autobahn für diese Fahrt benutzten, waren die beiden Stunden gar nicht verloren – es war einfach die zusätzliche Fahrzeit). Zu den entsetzlichen Träumen kam bald die Gewißheit, daß Barney an einem bösartigen Tumor litt. Das Paar suchte seinen Hausarzt auf, der ihnen vorschlug, den bekannten Bostoner Psychiater Dr. Benjamin Simon zu konsultieren. Simon hypnotisierte Betty, um ihr das unterdrückte Trauma bewußt werden zu lassen. Unter Hypnose erzählte Betty, sie und ihr Mann seien von ETs entführt worden. Die Außerirdischen hätten ihr mit einer langen Nadel Gewebeproben aus dem Unterleib entnommen (aufgrund einer Gebärmutteroperation konnte Frau Hill keine Kinder austragen). Barney bestätigte unter Hypnose die Angaben seiner Frau, fügte selbst allerdings keine Details hinzu.

Dr. Simon hielt die unter Hypnose erlebte Episode für eine Phantasterei Bettys, die sie Barney aufgezwungen hatte. Er hielt einen Anschlag von Rassisten auf das Ehepaar für das den Phantastereien zugrunde liegende Ereignis. Eine örtliche Ufo-Gruppe erfuhr von dem Fall, und der Profi-Journalist John Fuller beschrieb in einem Buch detailliert das Erlebnis des Paares. Durch die Hypnose wurde die Spannung von dem Paar genommen, Betty lebte ohne Alpträume weiter. Barney starb 1969 an einem Gehirntumor.[56] Danach tauchte Betty ins Ufo-Märchenland ein und behielt die Außerirdischen als einzige Freunde.

Betty begann, zu Ufo-Konferenzen und Talkshows zu reisen, sie war Dauergast in Fernsehstationen und Ufo-Dokumentarfilmen. Das Erlebnis der Hills wurde zu einem Spielfilm verarbeitet. Als die ersten anderen Entführungsopfer auftauchten, nahm Betty Kontakt mit ihnen auf und beriet sie. Sie untersuch-

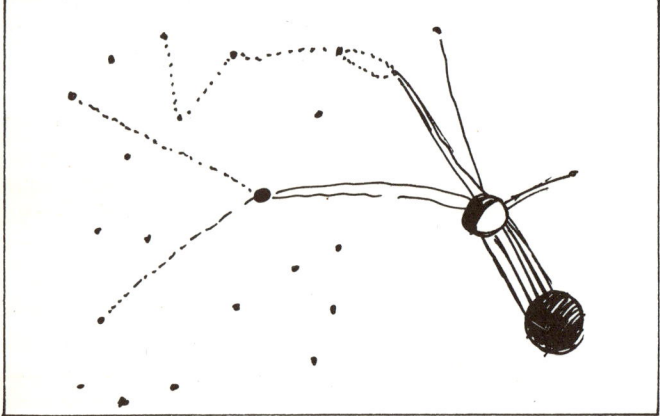

Abb. 9: Zwei Skizzen der Außerirdischen von Barney Hill und Betty Hills Zeichnung der „Sternkarte", die ihr an Bord des Ufos gezeigt wurde.

te Ufo-Sichtungen in ihrer näheren Umgebung und ist im Laufe der Zeit zu der berühmtesten Ufo-Zeugin der USA avanciert.[57]

Eine von Betty Hill unter Hypnose gezeichnete Sternkarte ist verschieden interpretiert worden, doch sie ist zu grob skizziert, um eine eindeutige Lösung zu ermöglichen.[58] Für Ufologen und für Betty Hill selbst stellen aber diese verschiedenen Interpretationen einen Beweis für deren Echtheit dar.

Noch heute sieht Betty Hill täglich Ufos durch die Nacht fliegen. Sie hat einen Hügel in ihrer Nähe entdeckt, der den Raumschiffen als Landeplatz dient. Mitglieder von Hyneks Center for UFO-Studies besuchten Betty im Jahre 1985 – die Ufos, die sie den Forschern zeigte, waren in Wirklichkeit Straßenlampen und Flugzeuge.[59]

Betty Andreasson, 1967

Die zweite bedeutende Entführung in den USA, die ebenfalls zu einem Buch verarbeitet wurde, war die von Betty Andreasson. Neben den Erlebnissen Striebers ist die Andreasson-Entführung einer der wichtigsten Hinweise auf den Sinn des ganzen Phänomens.

Betty befand sich am 25. Januar 1967 mit ihrer Familie in ihrer Wohnung, als bei einem Stromausfall alle Lichter ausgingen. Als die Lichter wieder aufbrannten, wirkte die ganze Familie wie erstarrt, nur Betty konnte sich frei bewegen. Vier zwergenhafte Wesen kamen wie Geister durch die verschlossene Wohnungstür. Der Führer stellte sich dem Mädchen als Quazgaa vor und tauschte Bettys Bibel gegen ein dünneres Büchlein aus. Betty wurde an Bord eines Raumschiffes gebracht, wo sie einer sehr schmerzhaften Untersuchung ohne sexuelle Implikationen unterzogen wurde. Sie wurde in einen luftdichten Sack gesteckt, der sich mit Flüssigkeit füllte. Sie fühlte angenehme, pulsierende Bewegungen. Dann wurde sie durch einen dunklen Tunnel in ein anderes Zimmer gebracht, wo lemurenartige Lebewesen über eine betonierte Landschaft krochen. Dann wechselten sich viele Bilder schnell ab, der Raum war nun grün erleuchtet. Zuletzt erschien ein fünf Meter hoher Vogel, der über einem Licht stand. Betty fühlte unerträgliche Hitze. Als die Hitze wieder abklang, war der Vogel verschwunden, an seiner Stelle

Abb. 10: Betty Andreasson-Luca, 1990, die von Ufonauten aus ihrer Wohnung entführt wurde und im Raumschiff schmerzhaften Untersuchungen
ausgesetzt war.

brannte ein Feuer. Aus dessen Asche kroch ein fetter Wurm.
Betty hörte eine Stimme, die ihr erklärte, sie sei für eine beson-
dere Mission auserwählt. Das Mädchen hielt sie für die Stimme
Gottes. Danach durfte Betty zu ihrer Familie zurückkehren, die

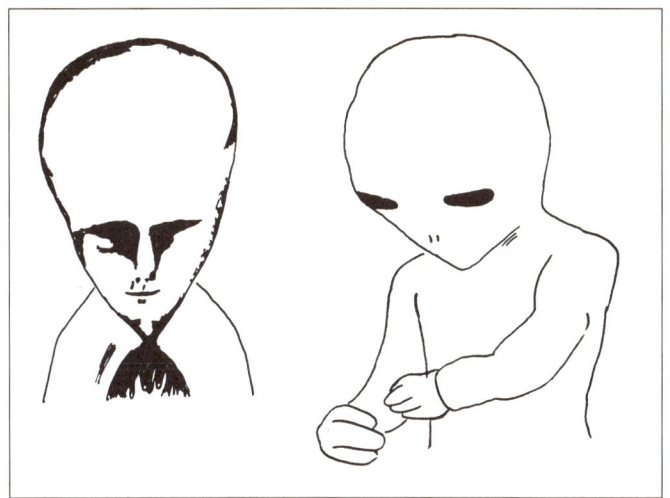

Abb. 11: Der Außerirdische nach Betty Andreasson (rechts) ähnelt dem übernatürlichen Wesen, das der englische Magier Aleister Crowley Anfang des Jahrhunderts durch Zauberformeln heraufbeschworen haben will.

immer noch starr im Zimmer stand. Sie war so erschöpft, daß sie gleich schlafen ging. Als sie wieder erwachte, war alles zur Normalität zurückgekehrt.

Unter Hypnose gab Betty an, bereits mehrmals entführt worden zu sein. Manchmal sprach nicht Betty, sondern ein Außerirdischer durch sie! Der Ufo-Forscher Raymond Fowler, der zwei Bücher über diese Entführung geschrieben hat, glaubt, Betty sei von Außerirdischen für irgendeinen Auftrag programmiert worden. Dabei handelt es sich bei Bettys traumartigen Erlebnissen eindeutig um eine symbolische Wiedergeburt. Der pulsierende Sack ist der Mutterleib, der Tunnel symbolisiert die Geburt. Der von Betty realistisch nachempfundenen Geburt folgt deren symbolhafte Darstellung durch den Vogel Phönix, der verbrennt und aus der Asche neu geboren wird. Nach dieser doppelten Wiedergeburt erhält zum Schluß Betty einen göttlichen Auftrag, der ihr Leben erneuern wird – dreimal erlebt sie also in verschiedener Gestaltung das Gleiche.

Obwohl Betty Andreassons Bericht vielleicht eine der untypischsten Entführungen beschreibt, erklärt er doch die Bedeutung des CE IV-Erlebnisses besser als alle anderen Berichte. Strieber[60] las das Buch über Betty, als er selbst mit den Problemen zu kämpfen hatte, die seine eigene Entführung verursacht hatten. Er schreibt: „Den eindringlichsten Augenblick bei meiner Lektüre moderner Bücher über die Besucher erlebte ich, als ich ‚The Andreasson Affair‘ las. Nur wenige der Berichte, die ich gelesen habe, enthalten so viele Symbole. Das war bemerkenswert. Was mich dabei am meisten beeindruckte war, daß Betty Andreasson offenbar gar nicht begriff, was diese Symbole bedeuteten. Doch es steckte viel Sinn darin.“

Pascagoula, 1973

Der Pascagoula-Zwischenfall vom Oktober 1973, der die größte Welle von Humanoidensichtungen auslöste, die die USA je erlebt hatte, ist für das Gesamtphänomen typischer, auch wenn er nur wenige Details aufzuweisen hat. Calvin Parker, 19, und sein Bekannter Charles Hickson, 42, angelten zusammen im Pascagoula River. Beide kannten sich, denn sie arbeiteten in der gleichen Werft.

Am Abend des 11. Oktober hörten sie ein eigenartiges Summen und sahen ein helles, eiförmiges Ufo, das vor ihnen schwebte. Es öffnete sich, und drei roboterartige Wesen ohne Hals, Augen oder Nase schwebten zu ihnen. Sie hatten lange Arme mit Händen wie Krabbenscheren, mit denen sie die beiden packten und an Bord trugen. Dort levitierten sie, über ihnen schwebte ein großes Auge. Nach zwanzig Minuten wurden sie zurückgebracht. Sie verständigten sofort den Sheriff, der später vor Journalisten bestätigte, die beiden „seien zu Tode erschrocken gewesen, am Rande einer Herzattacke“.[61] Auch die Lokalzeitung und die Luftwaffe wurden informiert, J. Allen Hynek reiste in den Ort, um die Zeugen zu interviewen. Zwei Wochen später wurde in dem Fluß ein unbekanntes U-Boot gesichtet. Die Zeugen wurden später hypnotisiert, doch Hick-

Abb. 12: Charles Hickson (links) und Calvin Parker, 1986, die von roboterartigen Wesen entführt wurden und danach deutliche Zeichen panischer Angst zeigten.

son wurde so panisch, daß die Hypnose bei ihm abgebrochen werden mußte. Die Zeugen änderten in der bewußten und hypnotischen Beschreibung mehrmals die Angaben über das Aussehen und das Verhalten der Außerirdischen sowie über die Zeit, die sie im Innern des Ufos verbracht hatten. Mehrere Personen befanden sich zur Zeit der Entführung in der Nähe des Piers, bemerkten aber nichts Ungewöhnliches. Der Skeptiker Klass spricht daher von einem Schwindel.[62]

Das Erlebnis, bei dem Ufo, Außerirdische, Zeugen und das große Auge schwerelos über dem Wasser schwebten, klingt allerdings eher wie ein Traum. Das Summen im Kopf der Zeugen mag das Summen ihres eigenen Blutes gewesen sein und auf einen außergewöhnlichen Bewußtseinszustand hindeuten. Das schwebende Auge ist ein mythologisches Gottessymbol, das auch bei drogeninduzierten Visionen vorkommt: „Dann erschien das Auge", schreibt ein Student, der LSD eingenommen hatte, „ein großes, leuchtendes Auge, das im All schwebte. Es pulsierte und schoß Strahlen brennend süßtönenden Lichtes durch meinen Körper".[63]

Whitley Strieber, 1985

Whitley Striebers Entführung ist bereits öfters angesprochen worden. Strieber ist ein bekannter Schriftsteller, der über okkulte und esoterische Kenntnisse verfügt. Er hat zwei Bücher über seine Erlebnisse geschrieben (1987 und 1988), die wohl zum ersten Mal das Entführungserlebnis adäquat beschreiben.

Strieber wurde am 26. Dezember 1985 aus einer Blockhütte im Staate New York entführt. Eines seiner Weihnachtsgeschenke war ein Buch gewesen, das Entführungsberichte enthielt. Kleine, bleiche Männlein mit großen embryonalen Köpfen und ein weißes, insektenartiges Weibchen, zu dem er später eine besondere geistige Beziehung entwickelte, holten ihn aus dem Bett. Er hatte eine außerkörperliche Erfahrung und kam im Raumschiff wieder zu sich. Später erwachte er wieder in seinem Bett. Strieber war dann unfähig, sich zu konzentrieren, unbedeutende Vorfälle lösten depressive Anfälle aus, das Verhältnis zu seiner Frau und seinen Kindern litt merklich. Nach und nach schien er sich an tatsächliche Aufenthalte in dem Ufo zu erinnern, dann an Entführungen, die offenbar seit seiner Kindheit etwa alle drei Jahre regelmäßig vorgefallen waren.

Nach jeder dieser Entführungen traf Strieber wichtige Entscheidungen. Seine Bücher über diese Vorfälle, „Communion" („Die Besucher") und „Transformation", sagt Strieber, seien Tatsachenberichte. Allerdings ist er als Horrorautor bereits vorher erfolgreich gewesen, sein Roman „Wolfen" über einen Werwolf und „The Hunger" über eine Vampirin sind sogar verfilmt worden und handeln wie seine Entführung von bösen übernatürlichen Wesen. Das ganze Buch „Communion" hindurch betont Strieber, daß die Entführung und die Besucher für ihn real waren, wenn er auch nicht wisse, welchen Realitätsgrad sie für unbeteiligte Zuschauer haben könnten. Er versicherte

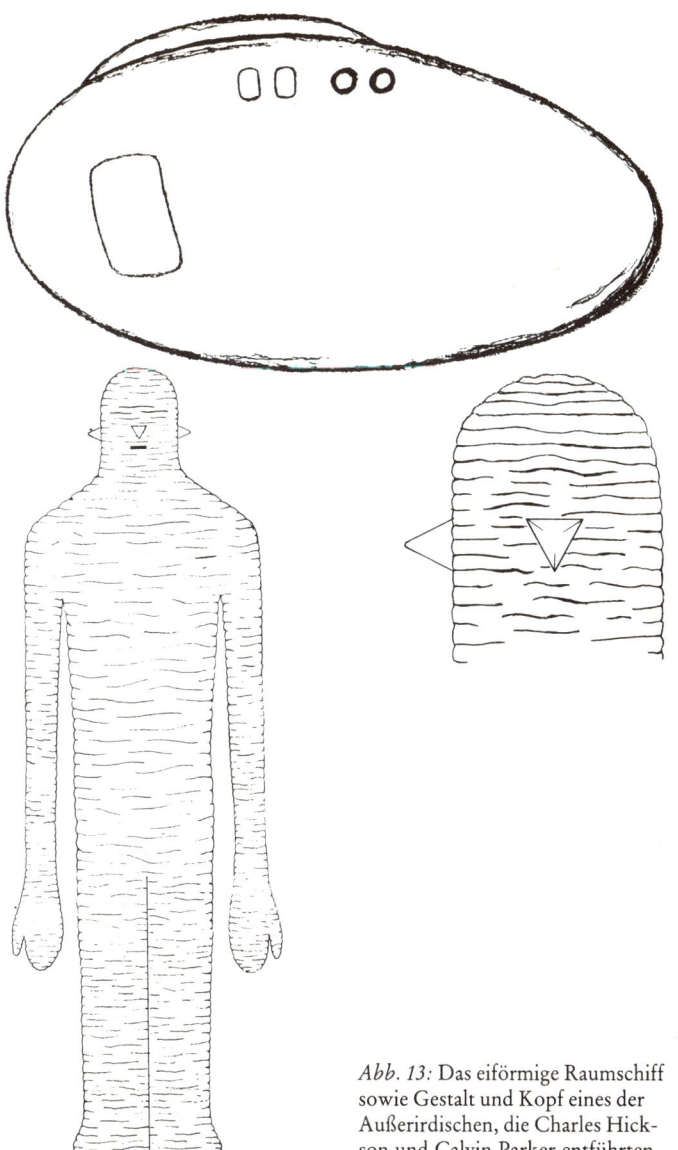

Abb. 13: Das eiförmige Raumschiff
sowie Gestalt und Kopf eines der
Außerirdischen, die Charles Hickson und Calvin Parker entführten.

Abb. 14: Whitley Strieber, ein Schriftsteller mit okkulten und esoterischen Kenntnissen, hatte mit den Büchern über seine Entführung ungewöhnlichen Erfolg.

immer wieder, daß es für seine Erlebnisse verschiedene Erklärungen geben könnte – darunter die, daß all seine Erlebnisse nur ein Produkt seines Gehirns seien. Das könnte ein absichernder, erzählerischer Trick sein, klingt aber aufrichtig.

Strieber vermutet in „Communion", daß (möglicherweise) außerirdische Lebewesen in ganz enormem Ausmaß Erdenmenschen entführen, um sie genetisch zu manipulieren. Zur Zeit findet also in der Welt ein außerordentlich bedeutsames, von der Mehrheit der Menschen und Wissenschaftler ignoriertes Ereignis statt, das unser aller Leben verändern wird. Diese Veränderung habe sich ihm teils symbolisch und teils real mitgeteilt. Aber diese umwälzenden Ereignisse, die er für die ganze Welt annimmt, beziehen sich wohl nur auf Striebers eigenes Leben. Vor einigen Jahren, schreibt er, sei er sich der Gefahren der Umweltverschmutzung bewußt geworden. Er gab es auf, Horrorgeschichten zu schreiben und widmete sich fiktiven Sachbüchern über wichtige, ernste Themen. Sein Buch „Warday" beschreibt die Reise zweier Journalisten durch ein von Atombomben zerstörtes Gebiet der USA.

Dieser Wechsel von reiner Phantasie zu ernsthaftem Anliegen, der Wandel in Striebers ganzer Lebenseinstellung, wird wohl durch seine Entführung symbolisiert. „Du bist auserwählt", vertraut ihm die insektenartige Außerirdische an und warnt ihn vor der Gefahr, die das Ozonloch für die Menschheit darstellt.

Strieber gibt zwar an, er habe sich vorher nie für Ufos interessiert, er hat sich aber sein ganzes Leben lang mit christlicher und exotischer Mystik beschäftigt. Zu Weihnachten erhielt er Jenny Randles' und Peter Warringtons Buch „Science and the UFOs" (1985) geschenkt, eines von 200 in den USA verkauften Exemplaren! Obwohl Strieber behauptet, das Buch erst nach seiner Entführung gelesen zu haben, enthält es alle Details, die er zur Konstruktion seiner eigenen Erfahrung benötigt hätte – gemischt mit den mystischen Vorstellungen, die er bereits studiert hatte.

In seinem zweiten Buch „Transformation" (1988) behauptet Strieber, er habe als erster Entführter eine Art Kommunikation mit den „Besuchern" hergestellt. Doch diese Sensation enthält das Werk nicht. Es ist eine Sammlung von Zufällen, esoterischen Spekulationen und bedeutsamen Träumen, die Strieber minutiös aufführt. Ufo-Sichtungen finden sich kaum noch darin. Das Buch ist ein interessantes Beispiel für die Denkweise eines Entführten, der bereits ins paranormale Märchenland eingetaucht ist, dort aber seine rationale Kontrolle behalten will.

Zuerst beschreibt er, wie die Fremden seinen Sohn entführen. Doch weder Striebers Sohn noch seine Frau bemerken etwas von dem nächtlichen Spektakel. Später träumt Strieber, er fliege schwerelos über eine wunderschöne goldene Stadt – das Himmlische Jerusalem der Bibel.

Strieber erlebt eine außerkörperliche Erfahrung und begreift, daß ihn das den „Besuchern" näherbringt. Immer wieder stürzen ihn seine Träume und Entführungen in depressive Stimmungen. Er leidet an hysterischer Blindheit oder zwingt sich selbst zur Schokoladen-Askese. Offenbar hat Strieber durch seine Entführung auch den Zugang zu der New Age-Mystik gefunden. Er beschreibt seine Verwicklungen mit Steinkreisen und modernen heidnischen Kulten. Alles, was auch auf die anderen Entführten zutrifft, findet man in „Transformation", doch aus der eigenen kritischen Distanz gesehen und bereits schriftstellerisch überarbeitet.

Strieber erklärt in „Transformation", die Besucher seien physikalisch reale Wesen, d.h. Manifestationen von Wesen anderer Daseinsebenen in unserer Dimension. Er vermutet, es seien Kobolde oder Engel (also Elementarwesen), die in gewissem Sinne ein Produkt des kollektiven Unbewußten der Menschheit sind. Sie sprechen Gälisch, die keltische Sprache Schottlands und Irlands. Ihre Aufgabe ist es, Seelen auf dem Weg durchs Leben, nach dem Leben und in die nächste Inkarnation zu begleiten. Sie helfen uns Menschen, unsere Ängste zu erkennen und zu meistern: „Die Besucher sagten: ‚Wir recyclen Seelen' und ‚die Erde ist eine Schule'. Und das ist sie wohl – ein Ort, an dem Seelen wachsen und sich auf ein Ziel hinentwickeln, das wir uns noch kaum vorstellen können. Ich stelle mir vor, daß das Schicksal der Seelen eine der großen Urfragen ist. Vielleicht ist der Mensch geschaffen worden, um diese Frage zu beantworten."[64] Und: „Die Besucher konfrontierten mich mit dem Tod, mit sich selbst, sie konfrontierten mich mit meinen Ängsten und meinen Schwächen. Gleichzeitig zeigten sie mir, daß ich mehr war als nur ein Körper, und daß selbst mein Körper so außergewöhnliche Dinge wie physikalische Levitation vollbringen konnte."[65]

Die Besucher sind also Schutzengel, die unsere Seelen begleiten. In diesem persönlichen Glaubensbekenntnis mischt Strieber Christentum und New Age, populäre Philosophie und Mystik, um einen Interpretationsrahmen für seine befremdlichen Ereignisse zu erhalten. Wohl begreift er, daß seine Erfahrung hauptsächlich religiös zu deuten ist, doch klammert er sich an eine vage Ahnung der tatsächlichen Existenz der Besucher. Er ist intelligent genug, den Sinn seiner Erfahrung zu begreifen, aber bereits zu stark in seinem Glauben ans Märchenland, um distanziert mit dem Gelernten umzugehen.

Die Entführung der Days in Avely, 1974

John und Sue Day, ein bürgerliches Ehepaar mit drei Kindern, befanden sich am Abend des 27. Oktober 1974 mit ihren Kindern auf dem Weg nach Hause. In der Nähe von Avely bei London fuhren sie in einen solide wirkenden Nebel hinein. Als sie nach einer Ohnmacht wieder zu sich kamen, befand sich das Auto einige Kilometer von dem Nebel entfernt, mehrere Stunden waren aus ihrem Gedächtnis getilgt. In ihrem Haus bemerkten sie eigenartige Vorfälle: das Telefon klingelte, auch wenn niemand am anderen Ende der Leitung war, sie hatten das Gefühl, ihre Wohnung werde überwacht.

Die Familie hatte bereits früher Ufos beobachtet und beschloß daher, sich hypnotisieren zu lassen. Der britische Ufo-Forscher Andrew Collins ließ die Eheleute durch die Ärzte Leonard Wilder und Bernard Finch in regressive Hypnose versetzen. Sie erinnerten sich nun, daß ihr Auto, nachdem es in den grünen Nebel gefahren war, in ein Ufo gehoben wurde. Während das Ehepaar von den Raummenschen medizinisch untersucht wurde, blieben die Kinder im Auto.

Als der Wagen in der Untertasse stand, holten die Ufonauten

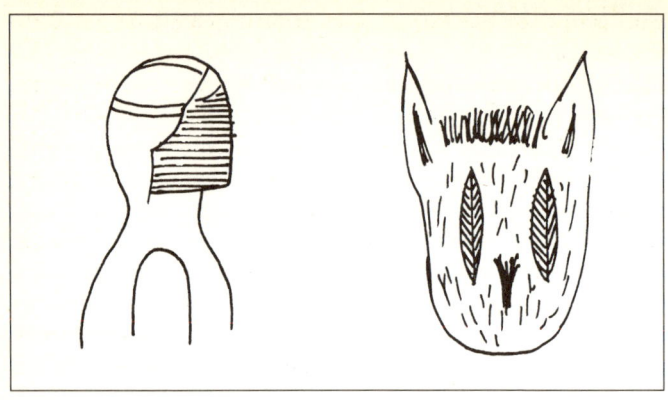

Abb. 15: Das Ehepaar John und Sue Day sah an Bord des Raumschiffes koboldartige Wesen und Maskierte, die vor dem Gesicht ein Visier trugen.

das Paar aus dem Auto, dann wurden sie durch eine Röhre nach oben gesaugt. Von einer Art Empore im nächsten Stockwerk des Ufos sahen sie ihr Auto in einer Art Garage stehen – und sich selbst, zumindest ihre Körper, noch immer darin!

Die Führer des Schiffes waren menschliche Gestalten mit Visieren vor dem Gesicht. Das ganze Fluggerät war von hellem Licht erfüllt. John und Sue mußten sich auf einen Arzttisch legen und wurden dort auf Befehl der maskierten Piloten von einem Kobold untersucht: einem kleinen, pelzigen Gnom mit klauenartigen Händen, Insektenaugen und Spitzohren, ganze 1,20 Meter groß. Zusätzlich zu den zwei maskierten Wesen, die um die zwei Meter maßen, war an Bord noch ein „Wächter", der einem gewöhnlichen Menschen mit maskiertem Mund und übergroßen Augen glich. Aber sowohl der „Wächter" als auch der Kobold schienen auf die Befehle eines der beiden anderen Wesen zu hören. Die Eheleute bezeichneten ihn als „den Führer".

Die Wesen teilten den Entführten einige Geheimnisse mit, die jene nie verraten durften (analog zu den Botschaften bei Marienerscheinungen). Eine Information wurde ihnen unter Hypnose dann doch entlockt: Das Raumschiff kam zwar aus dem

Weltraum, doch die Außerirdischen haben eine Basis im Bermuda-Dreieck.[66]

Das Bermuda-Dreieck wurde erst 1974 berühmt, vielleicht also kannten die Zeugen spezialisierte Ufo-Literatur. Daß die einzelnen Elemente dieser Erzählung von großer Bedeutung sind, wird sich noch zeigen: das Verlassen des eigenen Körpers, Durchgleiten einer Röhre und Herabblicken auf den eigenen Körper gilt gemeinhin als Nahtoderfahrung, und der pelzige Kobold verweist mehr als deutlich auf die britischen Sagen.

Selbst die Zeugen vermuteten, daß ihre „Entführung" subjektiver Natur gewesen war: „John sagte mir, er sei sich bis heute nicht sicher, ob das ‚Raumschiff' eine solide Struktur gewesen war".[67]

Copley Woods, 1983

Der amerikanische Künstler Budd Hopkins hatte bereits ein Buch mit den hypnotisch hervorgebrachten Abenteuern von etwa einem Dutzend Entführter veröffentlicht, als er auf einen komplexen neuen Fall traf, der seine bisherigen Thesen zu erhärten schien. Hopkins glaubt, daß Außerirdische ganz massiv das Genmaterial der Entführten verändern – zu welchem Zwekke, vermag er nicht zu sagen, doch die Absicht könnte durchaus bösartig sein. Hopkins' Bücher haben dafür gesorgt, daß sich die amerikanischen Intellektuellenkreise mit den CE IV-Erfahrungen beschäftigten, Philip Glass' Oper „1000 Airplanes on the Roof" basiert auf Hopkins' erstem Buch (1982).

In „Intruders" (Eindringlinge, 1987) erzählt Hopkins die Geschichte von Kathie Davis aus Copley Woods in Ohio. Die Frau hatte Hopkins im September 1983 geschrieben, da sie glaubte, sie sei von einem Ufo entführt worden. Hopkins ließ sie hypnotisieren und entdeckte, daß die Frau, ihre Familie und Freunde seit ihrer Kindheit immer wieder entführt worden waren. Mrs. Davis erinnerte sich, von den Entführern künstlich befruchtet worden zu sein, kurz darauf sei sie erneut entführt worden. Bei dieser Gelegenheit entnahmen die Außerirdischen den Embryo, der „halb Mensch und halb Außerirdischer" war. Bereits vorher hatte Kathie Davis geträumt, sie werde „ein weises Kind" zur Welt bringen.

Hopkins gibt an, er hätte mehrere identische Fälle entdeckt und sieht darin eine Bestätigung seiner 1982 geäußerten Theorie. Die Vorstellung einer massiven Genmanipulation durch Fremde aus dem All ist nur die neueste Variante des sexuellen Motivs, das bei Kontaktberichten so häufig anzutreffen ist: Von den Wechselbälgern, die die Kobolde gegen neugeborene Menschenbabys eintauschen, über die unbefleckte Empfängnis Mariens bis zu der Entnahme von Eizellen aus dem Unterleib der Betty Hill vereinigt Kathies Erzählung alle bereits aufgetauchten Motive.

So wie die Inquisitoren des Mittelalters nach Teufelsmalen auf den Körpern der Frauen suchten, um sie der Hexerei zu überführen, so sucht Hopkins nach Operationsnarben bei den Entführten; so wie die Inquisitoren den unter Folter erzwungenen Aussagen der Frauen Wort für Wort glaubten, so schluckt Hopkins jede Entführung, die er durch Hypnose entdeckt.

Edith Fiore, 1989

Die Psychologin Edith Fiore ist ein Extrembeispiel dafür, was geschehen kann, wenn man die Aussagen der Hypnotisierten für die simple Wahrheit hält. In ihrem Buch „Encounters" (Begegnungen, 1989) erzählt sie, sie habe in ihrer Praxis entdeckt, daß alle Neurosen und Ängste auf Entführungen zurückzuführen seien. Also hypnotisiert sie ihre Patienten (oder Opfer) so lange, bis sie eine Entführung entdeckt und somit den Grund der Angst lokalisiert hat. Da nur die wenigsten eine echte Entführungserfahrung erlebt haben dürften, konstruieren sie ihre Geschichte aus dem unbewußten Material, das ihnen die Science Fiction bietet.

Dabei ist allen Entführten gemein, daß nicht ihre Körper, sondern nur ihre Seelen entführt werden – was die Außerirdischen nicht daran hindert, trotzdem Sperma und Eizellen zu entnehmen. Fast alle Entführten gaben an, sie hätten Striebers Buch gelesen.

Ein paar Beispiele aus dem Buch: Linda gibt an, sie sei paranormal veranlagt und könne durch Geisteskräfte heilen. Ihrer Intuition folgend hypnotisiert Frau Fiore die Frau und siehe da – Linda mußte unter Aufsicht riesiger Außerirdischer in einer gigantischen Fabrik arbeiten, kleine ETs manipulierten ihre Stirn und schenkten ihr ein drittes Auge. Nach dieser Operation wurde Linda in eine Kapelle geführt, in der sie zusammen mit anderen Entführten und den Außerirdischen einen Kristall anbetete. Sie wurde danach mit einem Raumschiff, das aussah, als käme es direkt aus „Star Wars", zu einem Rundflug ins All mitgenommen.

Gloria hörte einen Vortrag über Ufos und merkt, daß das Thema sie übermäßig interessiert. Dr. Fiore vermutet eine Entführung, hypnotisiert sie und stellt fest, daß Gloria bereits als Embryo von den Außerirdischen gekidnappt wurde.

James, ein Arzt, träumt nach der Lektüre von Striebers Buch von einer eigenen Entführung. Unter Hypnose erinnert er sich an eine außerkörperliche Erfahrung, bei der er in ein Raumschiff mit einer Besatzung von Toten reist. Er wird in ein galaktisches Krankenhaus gebracht, wo er außerirdische Mediziner beraten soll. Diese infizieren Menschen mit bösartigen Viren und verlangen von James, daß er ihnen dabei hilft. Unser wackerer Entführter weigert sich übrigens, bei diesem teuflischen Plan mitzuarbeiten.

Dan hat schon 627 Entführungen erlebt. Allerdings hat er weder Erinnerungen an Entführungen, noch hat er je davon geträumt. Dr. Fiore entdeckte die erstaunliche Tatsache bei einer Routinehypnose. In einem seiner früheren Leben war Dan Pilot eines Raumzerstörers, seine Aufgabe war es, zivilisiertes Leben auf verschiedenen Planeten auszurotten. Dan erzählt farbenfroh vom fröhlichen Söldnerleben, das nur einen Nachteil hatte: Wenn Dan am Abend vor einem Gemetzel einen über den Durst getrunken hatte, mußte er seine Angriffe mit Kopfschmerzen fliegen. Die überraschende Entdeckung, daß Dan einmal ein heldenhafter außerirdischer Krieger war, verschafft ihm ein stärkeres Selbstbewußtsein. Doch Dr. Fiore sorgt sich, er könne Frau und Kind verlassen, um wieder als Raumschiffpilot zu arbeiten.

Die Entführungen in Dr. Fiores Buch sind durch Hypnose und Suggestionen erzwungen worden und stellen somit keine authentischen, spontan entstandenen Erlebnisse dar. Doch ihr Buch zeigt, wohin die Entwicklung gehen könnte: das persönliche, vom Psychiater herbeigeführte CE IV-Erlebnis als Kommunion mit den außerirdischen Göttern, als sakrales Erlebnis einer New Age-Religion.

Entführungen in Deutschland

Auch aus Deutschland sind bereits Entführungen gemeldet worden. Es handelt sich um mehr als ein Dutzend, doch die Berichte, die einigermaßen detailliert sind, kann man an einer Hand abzählen.

Zwischen 1952 und 1954 will der Hamburger Ingenieur P. in der Nähe von Billwerder auf Venusier getroffen sein, die ihn zu ihrem Planet mitnahmen. Eines Sonntags überkam ihn eine eigenartige Unruhe. Obwohl er erkältet war, verließ Anton P. sein Bett und fuhr ziellos eine halbe Stunde lang durch die Gegend. Als er instinktiv hielt, warteten da schon zwei menschliche Gestalten auf ihn, die ihn mit in eine fliegende Untertasse nahmen, die einen Durchmesser von 3,50 Metern hatte. Im Innern befanden sich Schaltbrett, Hebel und Knöpfe. Ein leichtes Vibrieren zeigte an, daß das Ufo flog. Es landete auf einem fremden Planeten mit gartenähnlicher Oberfläche. Die Häuser waren halbkugelförmig, „im Innern saßen verschiedene Personen beim Essen; in ihrem Eßgeschirr lagen merkwürdig aussehende braune Brocken in einer Sauce. Zwischen den Männern und seinen Begleitern kam es bald zu einem heftigen Wortwechsel, und schließlich gingen die drei wieder zurück zu ihrem Ufo. Nach einem kurzen Flug – Herr P. lag wieder auf dem Boden – landete man in der Nähe seines Wagens." Am nächsten Tag litt Anton P. unter Rückenschmerzen und Blutergüssen –

Andenken an eine Raumfahrt, die sicher zu den langweiligsten Erlebnissen seines Lebens gezählt haben muß.[68]

Auch der nächste deutsche Fall klingt nicht viel interessanter. An einem Tag im März und zwei Tagen im April 1959 will Horst Raps aus Lampertheim bei Mannheim mit gelandeten Raumschiffen und deren Besatzung zusammengetroffen sein: „In der Türöffnung erschien eine große Gestalt, schlank und uns Menschen absolut ähnlich. Diese Gestalt trug eine kombinationsähnliche Kleidung, die regenbogenfarbig schillerte. Zu meinem Erstaunen konnte ich diese Gestalt deutschsprachig reden hören." Der Außerirdische redet über Liebe und Zuneigung und weist Raps an, zu einem zweiten Termin zu erscheinen. Dann, wie auch bei der dritten Begegnung, wird Raps zu einem Raumflug mitgenommen. Auch Raps' Abenteuer war ein typisches Kontaktlermärchen. Wie viele Entführte sah auch er später häufig weitere Ufos und litt unter geistiger Verwirrung.[69]

Virginia Horten wurde nach eigenen Angaben im Jahr 1959 „80 Kilometer von Frankfurt entfernt im Rheintal" von Außerirdischen gekidnappt. Hopkins, der den Fall durch Hypnose entdeckte, plaziert die Gegend im Elsaß, doch das ist geographisch nicht möglich. Virginia konnte einen Traum aus ihrer Kindheit nicht vergessen – sie hatte unter ungewöhnlichen Umständen einen wunderschönen Hirsch gesehen. Budd Hopkins vermutet dahinter eine Schutzerinnerung, die eine Entführung unterdrücken soll, und läßt die Frau von der Psychologin Dr. Clamar hypnotisieren. Virginia erinnert sich nun, daß sie nach der Sichtung des schönen Hirsches mit einer blutigen Bluse aufgewacht war. In Wirklichkeit, das ergibt die Hypnose weiter, ist sie von Außerirdischen entführt worden.

In dieser an Motiven sehr armen Entführung tritt kein Humanoide auf. Virginia hält den Kontakt mit ihren Entführern durch eine Art Gegensprechanlage, gleichzeitig werden ihr im Raum dreidimensionale Bilder gezeigt. Der Außerirdische sagte Virginia, daß er „von weither gekommen wäre, von einem fremden Gestirn, dessen Anblick mich in höchstes Erstaunen versetzen würde. Dann erklärte er mir, er hätte Arme und Beine wie Menschen, und während er das sagte, sah ich im Geiste eine

Hand vor mir. Ich glaube, sie hatte sechs Finger, lange dünne Finger und sie waren fast weiß. Komisch, ich bin gar nicht erschrocken. Seine Augen waren anders als unsere. Ich glaube, sie hatten keine Lider. Arme und Beine – und überhaupt der ganze Körper – waren sehr dünn. Am auffälligsten war die Haut. Sie wirkte wie weiches, weißes Leder." Nach dieser holographischen Vision folgte die medizinische Untersuchung.

Wie bei allen typischen Entführungen, die angeblich vor dem Fall der Hills geschehen sein sollen, wurde auch dieser Fall erst berichtet, als der Prototyp etabliert und ausführlich veröffentlicht worden war.[70]

Irgendwann in den fünfziger Jahren will auch die Hausfrau Elisabeth Weindt in einem Ufo geflogen sein. Das ist der letzte bekannte Kontaktlerfall aus Deutschland, der nicht dem Muster der amerikanischen Entführungen folgt. Frau Weindt will im Harz auf eine außerirdische Dame namens Libenia, die sie an ihre Lieblingslehrerin erinnerte, zu einem Flug zum Mond mitgenommen worden sein. „Als sie eines Tages zu ihrem Fenster hinaussah, bemerkte sie eine Dame. Man kam ins Gespräch. Die Dame stellte sich vor, sie hieß Libenia und stammte aus einem anderen Milchstraßensystem". Zusammen gehen die beiden Damen auf eine Anhöhe im Harz, wo eine Art Wolke landet, in der sich ein gotischer Spitzbogen öffnet. Im Innern des Ufos setzt sich Frau Weindt auf einen bequemen Sessel, nun betritt „Ramon" den Raum, „von großer Hoheit und Würde", der seine Stirn auf die Hände der Zeugin legt. Das Mobiliar des Ufos ist bernsteinfarben. „Auch ein Fernsehschirm war da. Ich mußte dreimal ausatmen, da hatte ich den Geruch von Ozon um mich. Die Wände des Raumschiffes öffneten sich und wir konnten den Mond ganz groß sehen mit seinen Kratern und den hohen Bergen. Nach einer halben Stunde war ich wieder zu Hause."[71]

Aus diesen Erzählungen wird deutlich, daß die Entführung im Grunde nur ein grober Rahmen ist, mit dessen Hilfe die Zeugen ganz bestimmte persönliche Probleme lösen. Erfahrungen, die erst durch Hypnose zum Vorschein kommen, spontane CE IV-Erlebnisse und Träumereien wie diese Geschichte unterscheiden sich – was die Erzählungen eint, ist nur ein ähnliches Vokabular.

Im Januar 1962 will der achtzehnjährige Norbert Hoffmann bei Stendhal in der ehemaligen DDR entführt worden sein. Er bemerkte zuerst ein helles Licht und erkannte dann, daß es ein 20 Meter breites Ufo war, das 5 Meter über dem Boden schwebte. Er spürte ein Kribbeln am ganzen Körper und verlor dann das Bewußtsein. Später kam er wieder zu sich, sein Gesicht rot wie bei einem Sonnenbrand. Das Gesicht war mit Blasen bedeckt, über der Nase befand sich eine Wunde, von der heute noch eine Narbe zeugt.

Am nächsten Morgen wurde der Junge von seinem Hausarzt untersucht, der keine Erklärung für die Verletzungen fand und den Jungen in ein Krankenhaus überwies. Dort sollen ihn zwei Beamte der Staatssicherheit verhört haben. Psychologen aus Leipzig sollen ihn drei Tage lang mehrere Stunden hypnotisiert haben, dabei wurden „sieben oder acht Tonbänder" aufgenommen. Buttlar[72] schreibt, „Norbert behauptete unter Hypnose, er sei von ‚fremdartigen, schlanken Menschen in weißen Overalls‘ in das fremde Flugobjekt gebracht worden. Dort hätten sie ihn auf eine Art Tisch gelegt, untersucht und Gewebeproben entnommen." Brednich[73] gibt als Datum den Februar 1962 und als Alter 16 an, sonst gleichen sich die Geschichten. Er fügt noch an, der Junge habe nach seiner Entführung über Gott, bevorstehende Erdveränderungen und einen notwendigen Bewußtseinswandel bei den Menschen gesprochen, ebenso litt er unter mysteriösen Träumen.

Im November 1978 wollen der amerikanische Soldat Chris Owens und seine schwangere Frau Pam in der Nähe von Trier von Außerirdischen entführt worden sein. Sie fuhren mit ihrem Baby von einem Besuch bei einem Freund zurück. Diese Fahrt dauerte gewöhnlich 30 Minuten. Ihre letzte Erinnerung war ein großes, ovales Ufo, das über ihrem Auto schwebte, die nächsten 100 Minuten waren verloren.

Durch die Hypnose kam ans Licht, daß Pam aus dem Auto gestiegen war, als das Ufo über dem Wagen schwebte. Sie kam auf einem Tisch im Innern des Raumschiffes wieder zu sich.

Der Raum war fahlgelb erleuchtet. Zwei 75 Zentimeter große haarlose Wesen mit einem großen Kopf, großen tiefliegenden Augen und einer rauhen, grauen Haut führten die medizinische Untersuchung durch. Ihre Finger schienen doppelt so lang wie die eines Menschen, sie stachen Pam eine circa 8 Zentimeter lange Nadel oberhalb des Nabels in den Unterleib.

Beunruhigt fragte Pam nach ihrem kleinen Sohn Brian. „Wir passen auf", beruhigten sie die grauen Wesen. Pam bemerkte, daß sich ihre Lippen beim Sprechen nicht bewegten und schloß daher auf telepathische Konversation. Sie verlor erneut das Bewußtsein und kam neben dem Wagen stehend wieder zu sich. Das Ufo flog davon, und die Familie konnte ihre Heimreise fortsetzen.[74]

Beim nächsten Fall handelt es sich erwiesenermaßen um einen Schwindel.

Noch heute hält Andreas Schneider, der auf Teneriffa angeblich entführt wurde, Vorträge über seine Erfahrung, die allerdings aus Berichten in verschiedenen Ufo-Büchern zusammengebastelt wurde. Der junge Mann befand sich am 18. November 1982 im Haus seiner Eltern auf Teneriffa, als er ein Ufo gesehen haben will. Beim Anblick der hell erleuchteten Untertasse verlor er das Bewußtsein. Ein Lichtstrahl zog seinen Astralkörper in das Innere des Raumschiffes, wo er mehrere kleine Männchen traf, die eigentümlich häßliche Gesichter und rauhe Elefantenhaut hatten. Zwei der Wesen hatten Instrumente in der Hand, in der Mitte des Raumes befand sich ein leuchtender Pfeiler. Die Wesen teilten dem Jungen mit, er möge nicht erschrecken, sie kämen in friedlicher Absicht vom Planeten HUMO zur Erde. Seit dieser Zeit sieht der Junge regelmäßig Ufos und hält telepathischen Kontakt zu seinen Freunden aus dem All. Daß diese Entführung auf einem spanischen Schwindel der sechziger Jahre beruht, wurde bereits zur Genüge bewiesen.[75]

4. Erklärungen und Theorien

Die extraterrestrische Hypothese – ETH

Die Theorie, Ufos seien außerirdische Fahrzeuge, ist die in der Öffentlichkeit am weitesten verbreitete Erklärung. Die ETH, wie sie kurz genannt wird, war die erste publizierte Theorie und ist heute noch Liebling der Presse. Im Gegensatz dazu arbeiten die meisten seriösen Forscher mit Vorstellungen, die eine rein mechanische Erklärung ablehnen und in starkem Maße soziologische und psychologische Aspekte der Sichtungen berücksichtigen.

Obwohl die ETH Anfang der achtziger Jahre außerhalb der Ufo-Sekten kaum noch von Bedeutung war, hat sie in den USA, vor allem unter Eindruck der wiederaufgelebten Gerüchte um abgestürzte Untertassen und aufgrund der Entführungen die parapsychologischen und psychologischen Erklärungen im Laufe des Jahrzehnts erneut an Popularität überflügelt. Sie wird nun wieder von zahlreichen Ufo-Forschern vertreten. In Europa werden die amerikanischen Ufologen wegen dieser erneuten Kehrtwende von den geisteswissenschaftlich orientierten Kollegen kritisiert.[1]

Der amerikanische Ufologe Jacques Vallée[2] macht auf diese Kluft aufmerksam: „Bereits 1975 habe ich darauf hingewiesen, daß zahlreiche Entführungsberichte strukturell mit Initiationsriten identisch sind. Doch dieser grundsätzliche Befund ist bis jetzt noch nicht in das Bewußtsein der amerikanischen Ufo-Forscher vorgedrungen, die immer noch wild über die Motive der ‚außerirdischen' Besucher spekulieren. Was also in Europa als offensichtlich erachtet wird, muß in den USA noch deutlich gesagt werden."

Der Ursprung der ETH liegt in den vierziger Jahren. Nachdem die erste These, Ufos seien sowjetische Experimentalflugzeuge, immer unwahrscheinlicher wurde, schien nur noch eine außerirdische Herkunft der Objekte möglich. Durch Ufo-Propheten wie George Adamski erweitert und ausgeschmückt, und von den Ufo-Forschungsgruppen wie NICAP und APRO immer wieder betont, verbreitete sich die ETH schnell über die Welt. Für die ernsthaften Forscher schien es nur die Alternative zu geben, daß entweder Ufos aus dem All kamen, oder aber alle Zeugen Lügner und Geisteskranke waren. Die Popularität der Science Fiction in den USA trug sicher das Ihre zu dieser Entwicklung bei.[3]

Die Beliebtheit der ETH erhielt den ersten schweren Schlag, als in den sechziger Jahren Autoren wie John Keel und Jacques Vallee die Ufo-Sichtungen mit Sagen und esoterischen Traditionen zu vergleichen begannen. Diese nützlichen Ansätze wurden in Amerika durch verschiedene politische Ereignisse zunichte gemacht: Durch Vietnam und Watergate erlosch das Vertrauen der Bürger in ihre Regierung, und die erfolgreiche Landung auf dem Mond zeigte, daß Raumfahrt möglich war. Als daher der Condon-Bericht, das Ergebnis der offiziellen Ufo-Forschungsgruppe der Universität von Colorado, die im Auftrag der amerikanischen Regierung Sichtungen untersucht hatte, zu der Schlußfolgerung kam, Ufos könnten keine extraterrestrischen Fahrzeuge sein, lehnten die Forscher der privaten Ufo-Gruppen das als bewußte Vertuschung ab.

In Europa dagegen wurden die psychosozialen Aspekte der Ufo-Sichtung über die siebziger und achtziger Jahre zum Hauptgegenstand der theoretischen Ufo-Forschung.

War die Rolle des Außerirdischen zu Anfang der ETH noch die des glückspendenden Retters aus dem All,[4] so verwandelte sie sich nach 1973, als aufgrund von Vietnam und Watergate das Vertrauen in Autoritäten zutiefst erschüttert war, in die von teilnahmslosen Entführern. Damals entstand der Mythos vom Bermuda-Dreieck (dessen Existenz nach Ansicht der Ufologen vom Militär geleugnet wurde). Im Dreieck, so die Sage, entführten Ufos wahllos Flugzeuge und Schiffe – ein Wandel in der Intention der „Götter", der dann in den achtziger Jahren zu einer Bedrohung für jeden wurde: Die Außerirdischen scheinen

Abb. 16: Der Brite Alan Godfrey, der im November 1980 bei Todmorden/ West Yorkshire entführt wurde.

heute durch ihre Genmanipulationen für jeden Amerikaner eine reale Gefahr zu sein.

Einige Ufologen behaupten, in Wirklichkeit werde die USA bereits von Außerirdischen regiert.[5] Hopkins vermutet, die Außerirdischen entführten Tausende von Menschen, um die gesamte Menschheit genetisch zu manipulieren und verlangt eine Untersuchung durch das Militär.[6] Wie in den fünfziger Jahren führen Ängste (vor der Atomenergie, vor der Umweltverschmutzung) zur Akzeptanz imaginärer Retter und Feinde. Da außerirdische Bösewichte vermutet werden, erhofft man sich Rettung durch das Militär, obwohl man ihm gleichzeitig die Manipulation der Daten vorwirft. Paradoxerweise wird vom Auslöser der Ängste die Rettung erwartet.

Die ETH ist oft kritisiert worden, vor allem auch von Wissenschaftlern, die Ufos an sich ad absurdum führen wollen. Da für die Öffentlichkeit das Wort Ufo synonym mit der Idee außerirdischer Raumschiffe zu sein scheint, bedeutet für Skeptiker die Widerlegung der ETH einen Beweis für die Nichtexistenz der Ufos. Der Skeptiker Klass z.B. meint, daß der Nachweis der Nichtexistenz außerirdischer Besucher gleichzeitig impliziere, daß alle CE IV-Berichte Schwindel seien.[7]

Diese populäre Gleichsetzung des Ufo-Phänomens mit außerirdischen Raumschiffen beeinflußt nicht nur die Haltung der skeptischen Wissenschaftler. Devereux[8] hat festgestellt, daß die ETH auch die Wahrnehmung der Zeugen beeinflußt – sie erwarten, Raumschiffe zu sehen und sehen diese auch. Wären die Zeugen nicht konditioniert zu glauben, ein fremdartiges Licht am Himmel müsse ein Raumschiff sein, würde so mancher Ufo-Bericht vermutlich erst gar nicht entstehen.

Die ETH ist eine ideale Möglichkeit, Ängste und Hoffnungen zu projizieren. Im Gegensatz zu den soziologisch oder psychologisch geprägten Erklärungsansätzen ist sie einfach zu verstehen, und sie überwindet das Gefühl der Isoliertheit des einzelnen und der Menschheit („Wir sind nicht allein", lautete der Slogan zu Steven Spielbergs Film „Unheimliche Begegnungen der dritten Art").

Die konzeptionelle Simplizität der ETH führt dazu, daß viele weiterführenden Aspekte des Ufo-Phänomens ignoriert werden. So sieht z.B. der Historiker David Jacobs[9] in der Tatsache, daß Ufos immer den Vorstellungen der Zeugen entsprechen, ein bewußtes Sichanpassen der Ufos. Konsequenterweise hält er daher die Entführungen für reale Ereignisse, die keinerlei Bezug zu Folklore oder Science Fiction haben.

Tatsächlich aber sind die Behauptungen der ETH-Anhänger längst widerlegt, eine große Zahl konventioneller Erklärungen steht sowohl für Ufo-Beobachtungen wie auch für Entführungen bereit. Dazu gibt es kein einziges Erzählmotiv der CE IV, das nicht bereits durch die Science Fiction vorweggenommen worden wäre. Ebenso wie die Idee, daß alle CE IV-Berichte auf bewußtem Schwindel basieren, kann auch die ETH nur durch das Ignorieren zahlreicher Facetten des Phänomens geglaubt werden. Bob Rickard[10] schreibt: „In dem Maße, wie sich in der

Ufologie die Indizien für eine subjektive Natur der Ufo-Erfahrung häufen, wächst auch die Kluft zwischen der ETH und der Theorie der Subjektivität der Erlebnisse. Wenn man aufgrund der anomalen Erfahrung reale außerirdische Entführer postulieren will, gehört schon eine gehörige Portion Glauben dazu."

Ufos und Folklore

Im Jahr 1912 hatten zwei schottische Jungen eine eigenartige Begegnung auf der Insel Muck. Sie trafen auf „zwei winzige Jungs in grünen Kleidern", die in Gälisch und Englisch sprachen und offensichtlich mit einem winzigen Boot zur Insel gekommen waren. „An Bord befand sich eine kleine grün gekleidete Frau und ein rattengroßer Hund. Sie lud die Jungen ein, aufs Boot zu kommen, doch diese lehnten ab. Sie gab ihnen mehrere walnußgroße Brotlaiber, die sie aßen. Nachdem sie erklärt hatten, sie müßten nun gehen, doch daß ‚andere von unserer Rasse folgen würden', segelten die kleinen Leute davon." Die beiden Jungen wurden von ihrer Schwester entdeckt, sie saßen auf einem Felsen und starrten aufs Meer hinaus. Die Schwester brach den Zauber und brachte die Jungen in die Realität zurück. Sie begannen zu zittern und waren sehr ängstlich.[11]

Rund 50 Jahre später begegnete ein amerikanischer Farmer ähnlichen „kleinen grünen Männchen"; doch diesmal kamen sie in einer fliegenden Untertasse. Am 18. April 1961 sah der Farmer Joe Simenton aus Eagle River, Wisconsin, wie eine silbrige Untertasse in seinem Hof landete. In dem metallischen Diskus öffnete sich eine Tür und drei dunkelhäutige Männer stiegen aus. Sie waren etwa 1,50 Meter groß und zwischen 20 und 30 Jahre alt. Sie waren glattrasiert, trugen dunkelblaue Uniformen und sagten kein Wort. „Einer von ihnen kam zu der Öffnung im Ufo und hielt eine Art Eimer in der Hand. Durch Zeichen machte er klar, daß er ihn mit Wasser gefüllt zurückhaben wollte. Simenton füllte ihn und brachte ihn zu dem Mann zurück. Einer der Männer arbeitete an einer Art Ofen. Daneben lag ein Stapel Pfannkuchen. Simenton deutete auf die Pfannkuchen, der Mann mit dem Eimer gab ihm vier davon. Da stand nun Simenton, den Mund weit offen, mit vier Pfannkuchen in der Hand, als das Objekt langsam wieder in die Luft stieg und nach Süden davonflog."[12]

Die erste Geschichte stammt aus einer Sammlung schottischer Sagen, die zweite ist ein Ufo-Klassiker, der in zahlreichen Fallsammlungen zu finden ist.[13] Beide erzählen in fast identischen Motiven von der Begegnung zwischen Menschen und Überirdischen.

Besonders bei den Kontakten mit Ufos findet man eine große Übereinstimmung mit Sagen und Mythen. Zum Eagle River-Fall stellt Vallee fest, daß in irischen Sagen häufig erzählt wird, daß Kobolde den Menschen Brot schenkten, das ohne Salz gebacken worden war: „Bei den Pfannkuchen von Wisconsin wurde ebenfalls kein Salz verwendet".[14]

Bei den Entführungen treten diese Übereinstimmungen geballt auf. Sie beginnen damit, daß eine unbekannte Kraft das Auto der Zeugen stoppt. Technisch orientierte Interpreten sehen darin elektromagnetische Einflüsse des Ufos. Doch seit Urzeiten sind die Fortbewegungsmittel der Menschen von übernatürlichen Erscheinungen angehalten worden. Die Bibel berichtet, daß der Engel Gottes Bileams Esel anhielt und kein gutes Zureden das Tier zum Weitergehen bewegen konnte (4 Moses 22, 21–33). John Michell[15] vergleicht die Autostop-Fälle mit keltischen Mythen: „In Berichten über ein Zusammentreffen mit Elfen lesen wir oft, daß Reit- und Kutschpferde außerstande gewesen sein sollen, Stellen zu passieren, an denen Elfenmusik zu hören oder ein Elfentanz zu sehen war."

Das Tabu, einen heiligen Ort zu betreten, wird so in der Ufologie zu einem technischen Effekt umgedeutet. Keltische Kobolde sind bekannt dafür, daß sie Menschen in ihre Welt entführen oder das Gedächtnis derjenigen ausradieren, die nahen Kontakt mit ihnen hatten. Häufig stehlen sie Menschenbabys und ersetzen sie durch ihre eigenen Mißgeburten, den sogenannten Wechselbälgern. Das entspricht Kathie Davies' Bericht, die Außerirdischen hätten ihren Embryo gestohlen. Kobolde wünschen sich nichts sehnlicher als die Heirat mit einer menschlichen Frau.[16]

In Schottland leben Kobolde in prähistorischen, „Elfenhügel" genannten Erdbauten. Dort spielen sie Musik; zu gewissen Zeiten im Jahr können Sterbliche die Hügel betreten und mit den Feen tanzen. Wenn sie sich aus der Umklammerung der Feen lösen und in unsere Welt zurückkehren können, müssen die Opfer oft feststellen, daß in unserer Welt Jahrzehnte vergangen sind, die den Tänzern nur wie Minuten vorgekommen waren.[17]

Ein Mann, der auf der Insel Iona von Elfen zum Mittanzen gezwungen wurde, verlor ein Jahr.[18] Ein anderer, der einen Elfenhügel im Glen Etive betrat, mußte ebenfalls mittanzen und durfte erst ein Jahr später wieder nach außen. Auch von den Shetland-Inseln werden ähnliche Geschichten erzählt.[19] Ein Mann, der aberwitzig genug war, in einen Elfenhügel einzudringen und der in dessen strahlend hell erleuchtetem runden Innenraum mit den Elfen tanzte, kehrte erst ganze hundert Jahre später zurück![20] Wer sich mit den Feen gut stellte, der wurde allerdings auch belohnt – ein Mann aus Dornoch wurde von den Kobolden regelmäßig zu Rundflügen eingeladen.[21] Nach Begegnungen mit Feen erhielten die Zeugen manchmal übernatürliche Kräfte.[22]

Bis zu den kleinsten Einzelheiten (H. Evans[23] betont die genauen Übereinstimmungen zwischen Entführungsfällen und dem „Calendrier des Bergers" aus dem 15. Jahrhundert, in dem verschiedene Details der Hill-Entführung vorweggenommen werden) stimmen also die modernen Berichte mit den mittelalterlichen Geschichten über Begegnungen mit Kobolden und Dämonen überein. Strieber,[24] der zahlreiche unangenehme medizinische Untersuchungen durch „insektenartige Außerirdische" über sich ergehen lassen mußte, darunter das Einführen einer Nadel in sein Gehirn, vergleicht seine Erlebnisse mit den sexuellen Verführungen der Menschen des Mittelalters, die von den dämonischen Succubi und Incubi zum Beischlaf gezwungen wurden. Diese Dämonen erschleichen sich unter angenommener Form schöner Frauen oder Männer Geschlechtsverkehr.

Ihre Stimmen sind sehr hoch (wie die von Striebers Besuchern), wenn sie mit ihren Verführungskünsten nicht ans Ziel kommen, wenden sie Gewalt an.[25]

Die Ähnlichkeiten zwischen den sexuellen Motiven der CE IV-Berichte und der sogenannten „Teufelsbuhlschaft" sind bestechend. Hexen wurden gewöhnlich der Teufelsbuhlschaft, des Verkehrs mit dem Teufel, bezichtigt, und einige Aussagen der beschuldigten Frauen enthalten genaue Angaben über den Vollzug des Aktes, die mit den Berichten Entführter genau übereinstimmen. Besonders die Teilnahmslosigkeit des Teufels und sein kaltes, fast metallisches Geschlechtsteil tauchen bei beiden auf. Auch Hexen fliegen, wie die Entführungsopfer, durch die Luft, und die Inquisitoren suchten den Körper der Verdächtigten nach Teufelsmalen ab, wie die modernen Ufologen nach Narben der Operationen suchen, beide mit Erfolg.[26]

Diese Parallelen findet man nicht nur in der europäischen Sagenwelt, sie sind universell. So glauben die Iban auf Borneo, daß die Seele eines Menschen, sein Semengat, den Körper während des Schlafes verlassen könne. „Dann nähern sich die Geister der Verstorbenen seinem Semengat und heben es in ein fliegendes Boot und nehmen es mit zu einem Ort im Himmel. Dort trifft es auf andere Geister, die ihn in den Gebrauch magischer Mittel initiieren, die den Körper vor den Schwertern der Feinde bewahren werden."[27]

In manchen dieser Mythen wird die Seele symbolisch zerstückelt und von den Geistern neu zusammengesetzt, um die symbolische Wiedergeburt des entrückten Schamanen bildhaft auszudrücken. Diese Mythen sind, wie die Entführung der Days, eine Reise des Astralkörpers in das Reich der Geister. Sowohl in den Mythen der Naturvölker wie in den Entführungen erfolgt die Begegnung in einer einsamen Gegend, der Zeuge ist müde. Die Zeugen werden in die Luft gehoben und mit einem Fahrzeug in das Land der Geister, Ahnen oder Außerirdischen gebracht. Wenn sie zurückkehren, haben sie komplizierte initiatorische Erfahrungen hinter sich, die häufig mit sexuellen oder medizinischen Motiven erzählt werden.

Diese Erlebnisse ändern das Leben der Wahrnehmer, sie werden zu Propheten. Menschen, die sich in der Nähe der Zeugen befinden, nehmen an der Erfahrung nicht teil.[28] Auch Marienerscheinungen und die Entführungen, bei denen unabhängige Beobachter zugegen waren, folgen diesem Muster: Nur der Seher selbst, nicht die anderen, nehmen die Jungfrau wahr.[29]

Bauer und Dümotz[30] sehen diese verschiedenen Mythen als Varianten des gleichen Stoffes an: „Der Held, die Heldin... erhält beim Aufenthalt ‚in den fremden Räumen' dieser ‚anderen Intelligenzen' eine Fülle von zumeist recht sinnvollen Anregungen und Hilfen für den Alltag: die berühmten Schätze, die der Märchenheld aus dem Berg mitbringt, die ‚geheimen' Botschaften, die eine Marienerscheinung Hirtenkindern mitteilt und die Prophezeiung der Ufonauten lassen sich auf eine recht einfache Weise als ein Anzapfen mehr oder minder kreativer Quellen des eigenen ‚Unbewußten' erklären."

Parapsychologische Erklärungen

Auch zwischen zahlreichen übernatürlichen Erscheinungen und Erfahrungen und den Entführungen besteht eine Vielzahl von Gemeinsamkeiten. Außerkörperliche und Nahtoderfahrungen, Poltergeister und Marienerscheinungen enthalten alle Elemente, die zeigen, daß sie eine Variante des Entführungsmotivs sind. Nahtoderlebnisse und außerkörperliche Erfahrungen unterscheiden sich einfach dadurch, daß die ersten in Krisenzeiten und unfreiwillig, die letzteren vorbereitet durch Meditation erfolgen. Beim außerkörperlichen Bewußtseinszustand „hat der Erlebnisträger das Gefühl, seinen Körper verlassen zu haben und sich selbst von außen zu sehen. Solche Erfahrungen werden manchmal von Menschen behauptet, die vor einer Operation standen, dem klinischen Tod nahe waren oder sich in einer anderen existentiell entscheidenden Situation befanden; daneben stehen Berichte von Leuten, die diese Erfahrung aus einer ganz alltäglichen Situation machten."[31]

Die erste Aufzeichnung über eine solche Erfahrung stammt aus dem 16. Jahrhundert, sie werden zumindest seit 1953, als der amerikanische Soziologe Hornell Norris Hart ein Institut zu ihrer Untersuchung gründete, von Wissenschaftlern untersucht.[32]

Nahtoderlebnisse waren der Öffentlichkeit, außer durch private Erzählungen, kaum bekannt, bis sie 1975 Raymond Moody in dem populärwissenschaftlichen Bestseller „Life after Life" beschrieb. Obwohl Moody mit weiteren Bänden an seinen Erstlingserfolg anknüpfen konnte,[33] wurden erst zu Beginn der achtziger Jahre seriöse Werke zu der Thematik veröffentlicht.[34] Zwischen 1977 und 1980 erschienen jedoch zahlreiche teils sensationelle Nahtoderlebnisse auch in Deutschland in Zeitungen und Zeitschriften und machten das Motiv so bekannt, daß es wie selbstverständlich in Romanen wie etwa Kurt Vonneguts[35] Werk „Galàpagos" verwendet wird. Diese Popularität könnte auch dazu beigetragen haben, daß es um 1980 plötzlich zu einer Explosion bei der Zahl der Entführungsberichte kam.

Bei Nahtoderlebnissen „erzählten viele, sie seien durch einen langen, dunklen Tunnel gegangen und dann plötzlich an eine Grenze geraten ... Die meisten Befragten wollen längst verstorbenen Verwandten oder Freunden begegnet sein. Religiöse Menschen sagten, sie hätten eine Lichtgestalt gesehen, andere erblickten ein dreidimensionales Panorama".[36] Gewöhnlich kann der Wahrnehmer sich selbst von oben sehen, häufig werden grelle oder fluoreszierende Lichtquellen erwähnt.

Die Parallelen zum CE IV-Erlebnis sind deutlich: Sowohl Strieber als auch die Fischer von Pascagoula schwebten zu ihrem Ufo. Betty Andreasson mußte durch eine enge Röhre schlüpfen, praktisch alle Entführten sahen im Raumschiff dreidimensionale „Hologramme". Diese Darstellungen vermitteln Wissen über das Reich der Toten bzw. das der Außerirdischen: Virginia Horten sah das Bild eines Extraterrestriers, die Hills eine Sternkarte, Betty Andreasson mythologische Wesen. Hopkins[37] hat solche „holographischen Bilder" bei allen Entführungen vorgefunden.

Durch eine Analyse von etwa 100 Nahtoderlebnissen, die die amerikanische Forscherin L. Davis[38] durchführte, konnte belegt werden, daß es sich bei Entführungen und Nahtoderlebnissen offenbar um eine identische Erfahrung handelt, die nur in jeweils verschiedener Terminologie reproduziert wird. Allerdings sind die Nutzen für den Wahrnehmer bei Nahtoderlebnissen größer als bei CE IVs. Offenbar ist der psychologische Eindruck des „Beweises" für ein Leben nach dem Tode viel stärker als das Science Fiction-Abenteuer einer Entführung.

Wie die Entführung scheint auch das Nahtoderlebnis kulturell konditioniert zu sein. Christen sehen eine leuchtende Figur, Atheisten nur ein Licht. Wer an ein Leben nach dem Tod glaubt, trifft auf verstorbene Familienmitglieder. Die soziologische Implikation ist bemerkenswert: Das Entführungserlebnis könnte eine entmystifizierte, verwissenschaftlichte Variante der grundsätzlich sehr stark religiös gefärbten Nahtoderfahrung sein.

Entführte klagen oft darüber, daß Poltergeister, also spontane Psychokinese, ihr Haus heimsuchen. Je nach Standpunkt der Untersucher bieten sich hier verschiedene Hypothesen an: Entführung wie Poltergeist könnten auf Betrug zurückgehen, eine Entführung könnte latent vorhandene Psychokinesefähigkeit beim Zeugen auslösen, oder die Ufos selbst könnten die Phänomene auslösen.[39]

Keel[40] hat Poltergeistberichte und Ufo-Berichte aus der Zeit von 1842 bis 1886 zusammengetragen und dabei festgestellt, daß sich ihr Vorkommen in den gleichen Jahren häuft bzw. abnimmt, so, als stünde eine einzige Quelle hinter beiden Erscheinungen. Inwieweit diese Statistiken jedoch wissenschaftlich signifikant sind, kann noch nicht entschieden werden.

Es wurde bereits darauf hingewiesen, daß viele Entführte nach ihrer Begegnung glauben, paranormale Fähigkeiten erworben zu haben. Dieser Glaube führt sicher dazu, daß alltägliche Vorkommnisse im Haus paranormal interpretiert werden. So erhalten die Entführten zusätzliche Belege für die Realität der eben von ihnen entdeckten anderen Welt. Auch der berühmte israelische Trickkünstler Uri Geller will seine „paranormalen" Fähigkeiten während eines Aufenthaltes an Bord eines Ufos erlernt haben.[41]

Daß Marienerscheinungen sehr große Ähnlichkeit mit Kontakten mit Außerirdischen haben, liegt auf der Hand. Sie beginnen oft mit der Beobachtung einer diffusen Wolke oder einer Feuerkugel, aus der sich die eigentliche Marienfigur formt. Maria, die bei jeder Erscheinung anders beschrieben wird (mal als Erwachsene, dann wieder als Mädchen oder Indianerin), spricht mit dem Seher, ohne daß die Umstehenden etwas anderes beobachten können als die Trance der Visionäre.[42] John Keel[43] hat wiederholt behauptet, daß Marienerscheinungen im Grunde Ufo-Berichte seien und interpretiert die berühmte tanzende Sonne über Fatima als typische „fliegende Untertasse". McClure,[44] der Erscheinungen am bisher eingehendsten und objektivsten erforscht hat, verneint diese einfache Gleichsetzung.

Natürlich sind Marienerscheinungen keine Landungen von Außerirdischen, doch die Ähnlichkeit der Motive und Symbole bei beiden ist offensichtlich. Einige Seherkinder wollen sogar von Maria auf eine Reise in den Himmel mitgenommen worden sein, zur gleichen Zeit waren sie auf dem Erdboden unauffindbar, Feuerkugeln wurden gesichtet. Das soll sich im jugoslawischen Medjugorje ereignet haben, der bisher längsten und detailliertesten Episode von Erscheinungen.[45] Ein indisches Kind, das nach Angaben des amerikanischen Massenblattes „Weekly World News" von außerirdischen Wesen entführt worden war, glaubt, die Fremden seien die Jungfrau Maria und Engel gewesen.

Gilbert Cornu hat, wie Keel, Marienerscheinungen und Ufo-Berichte statistisch untersucht und festgestellt, daß sie sich in den gleichen Jahren häufen. So hat das Rekordjahr 1954, als die bisher größte Zahl von Direktkontakten mit Ufonauten berichtet wurde, auch die höchste Zahl von Erscheinungen zu verzeichnen.[46]

Viele fortianischen Autoren haben daraus gefolgert, daß Ufo-Kontakte und paranormale Erlebnisse aus der gleichen Quelle stammen. Clark und Coleman[47] denken, „daß Märchen, religiöse Visionen und Ufo-Berichte den gleichen Ursprung haben. Was immer dieser Ursprung sein mag, sein Signal wird durch das menschliche Bewußtsein und die Wahrnehmung gefiltert und so in eine Form gebracht, die gewissen Archetypen entspricht. Daher sind diese Erlebnisse sowohl fremdartig wie vertraut. Fremdartig, weil sie außer- und überirdisch erscheinen, vertraut, weil wir sie in einem gewissen Sinne selbst geschaffen haben."

Psychologische Aspekte

Der erste Psychologe von Rang, der sich mit Ufos beschäftigte, war Carl Gustav Jung. Schon bevor er 1958 sein Buch „Ein moderner Mythus" veröffentlichte, äußerte er sich in Briefen und Interviews über seine Ansichten.[48] Seiner Meinung nach gab es ein objektives Ufo-Phänomen, das möglicherweise auf Naturerscheinungen wie Kugelblitze und Irrlichter zurückzuführen war. Um dieses Kernphänomen herum sei ein „moderner Mythus" entstanden, der dem Ufo Bedeutung gibt – und diesen Mythos wollte Jung psychoanalytisch untersuchen. Grundsätzlich seien die Kontaktberichte religiöser Natur, das Ufo ein Mandalasymbol, ein Symbol der Ganzheit.[49]

Jung hielt den Vergleich von Ufos mit paranormalen Erscheinungen, von denen er überzeugt war, für wenig hilfreich. Seiner Meinung nach wurde Amerika am meisten von Ufos heimgesucht, weil das Land am stärksten von der Krise des kalten Krieges betroffen war: „Die Erscheinung und der Einfluß des ‚McCarthyism' zeigt die tiefe, ängstliche Beunruhigung des amerikanischen Publikums. Man wird daher in Amerika die meisten Zeichen am Himmel sehen".[50] Obwohl sich Jung vorwiegend aus den Büchern von ETH-Anhängern informierte, enthält sein Buch zum Ufo-Thema nur wenige Sichtungsberichte, sondern eher Träume verschiedener Bekannter, die Motive und Bildinhalte der Sichtungen aufgreifen.

Der Ufo-Forscher Louis Schoenherr[51] hat beobachtet, daß fast alle Ufo-Nahbeobachtungen auf den Zeugen bezogene Details enthalten. So erinnerte ein Ufonaut, der aus einer gelandeten Untertasse stieg, den Beobachter an einen Freund; ein Ufonaut sprach mit einem Techniker über technische Dinge; ein Bild, das in einem Ufo hing, zeigt die Nachbarin des Beobachters etc. Betty Hill, die an der Gebärmutter operiert worden war, wurde mit einer Nadel in den Unterleib gestochen, ihrem Mann wurde Sperma entnommen. „Solche Phantasien könnten auf den Wunsch nach Kindern hinweisen".[52] Strieber hatte vor seiner Entführung Horrorromane geschrieben, und die Außerirdischen gingen mit ihm besonders herzlos um. Die Inhalte des Ufo-Kontaktes sind also von den Ängsten und Erwartungen der Zeugen geprägt.

Es wurden verschiedene Versuche unternommen, Ufo-Erlebnisse mit konventionellen psychologischen Erkenntnissen zu erklären. Der britische Ufo-Forscher Stuart Campbell verglich Nahbeobachtungen mit verschiedenen Formen epileptischer Anfälle. Bei einem schottischen Fall hatte ein Zeuge ein leuchtendes Objekt gesehen, aus dem zwei mit Spitzen besetzte kleinere Kugeln kamen, die ihn angriffen. Er verlor das Bewußtsein; als er wieder zu sich kam, waren seine Hosen zerrissen, sein Hund lief ängstlich um ihn herum. Campbell[53] vermutet, der Zeuge habe einen hellen Planeten fehlgedeutet. Das habe zu einem epileptischen Anfall geführt. Die Verletzungen könnten von dem Hund verursacht worden sein, der seinem hilflosen Herrchen helfen wollte.

Der Psychiater Otto Billig[54] vergleicht Entführungen mit hypnagogischen Zuständen. In dieser Verfassung erscheint die Umwelt plötzlich verändert, fremdartig. Die Wahrnehmung ist so verzerrt, daß Größen und Entfernungen nicht mehr geschätzt werden können. Objekte ändern unvermittelt ihre Größe, häufig scheinen sie auf den Beobachter zuzurasen, werden ungeheuer groß und drohen den Zeugen zu verschlingen. Der Orientierungssinn geht verloren, beobachtete Gegenstände verhalten sich entsprechend der unbewußten Ängste und Bedürfnisse des Zeugen. Der Träumer (denn diese Zustände stellen sich fast ausschließlich bei ermüdeten Menschen ein) ist zuerst verwirrt, durchlebt gelegentlich traumatische Angstzustände und verspürt Ekel. Mund und Gesicht werden trocken und heiß, manchmal werden Stigmata beobachtet. Zum Ekel kommen manchmal unangenehme sexuelle Phantasien.

Abb. 17: Zeichnung von Elaine Thomas, die ihre Untersuchung an Bord eines Raumschiffes zeigt. Sie wurde am 6. Januar 1976 zusammen mit Louise Smith und Mona Stafford in Kentucky entführt.

Hypnagogische Zustände entsprechen also in Aufbau und Inhalt den CE IV-Erfahrungen. Ein auslösender Impuls während einer Müdigkeitsphase führt zu einer komplexen Halluzination mit Gefühlen des Ekels und des sexuellen Mißbrauchs. Daß diese Motive in der Entführungserfahrung jedoch stärker konkretisiert sind als in dem eben beschriebenen medizinischen Idealtypus, ist offensichtlich.

Da viele Entführungen erst durch die Anwendung regressiver Hypnose entdeckt werden, haben Psychologen darauf hingewiesen, daß die Hypnose selbst Auslöser der Erlebnisse sein könnte. Entgegen den Beteuerungen der Verfechter einer objektiven Realität der Entführungen stimmt es nicht, daß Subjekte unter Hypnose nicht lügen können – zwar berichten sie nie wissentlich die Unwahrheit, doch können Wunschträume und Angstvorstellungen unter Hypnose als real erlebt werden. Ebenso kennt man das Phänomen, daß die hypnotisierten Subjekte ihrem Befrager die Antwort geben, von der sie glauben, daß er sie erwarte.[55]

Von der Annahme ausgehend, daß die CE IV-Erfahrung erst in der Hypnose geschaffen wird, hat der kalifornische Psychologe Alvin Lawson Subjekte ohne Ufo-Sichtungen hypnotisiert, um zu sehen, ob durch den Einsatz gezielter Fragen eine Entführung simuliert werden kann. Die erzielten Erzählungen waren praktisch von den „authentischen" nicht zu unterscheiden.[56] Nur einen einzigen Aspekt der Entführungen konnte Lawson nicht reproduzieren: die fast panische Angst vieler Entführter vor den medizinischen Experimenten an Bord.[57]

Die Anwendung der Hypnose und die Behauptung der Verfechter dieser Technik, was unter Hypnose berichtet werde, sei immer die Wahrheit, ist von den Gegnern der ETH immer wieder kritisiert worden: „Die Faszination der Hypnose und ihre Nutzung in der Verbrechensaufklärung liegt darin ..., daß die meisten ihrer Verfechter nicht wissen, daß die unter Hypnose erinnerten Dinge nicht unbedingt dem tatsächlichen Geschehen entsprechen müssen ... Lawrence Kolb, Psychiatrie-Professor an der Columbia-Universität, erläuterte: ‚Die Hauptschwierigkeit besteht darin, daß man nicht auseinanderhalten kann, was Wahrheit und was Phantasie ist.' Und Ulrich Neisser, Psychologie-Professor in Cornell, ging noch weiter: ‚Hypnose erweitert das Gedächtnis nicht, sie verändert es', meint er".[58]

Die oben zitierten Aussagen stammen von amerikanischen Psychologen, die die Verhörmethoden amerikanischer Polizisten bei der Verbrechensbekämpfung kritisierten. Martin Orne, Direktor des Instituts für Experimentelle Psychiatrie am Pennsylvania-Krankenhaus, führte mehrere Fälle von Personen auf, die unschuldig verurteilt wurden, weil Aussagen unter Hypnose als Beweis gewertet wurden. Der Fehler beruhe darin, daß man das menschliche Gehirn mit einem Tonband gleichsetze. Häufig berichte ein Subjekt Dinge, die es sich wünscht oder die es fürchtet.[59] Der Arzt, der die Hills hypnotisierte, vermutete, bei ihrer Erzählung handele es sich nur um einen Alptraum. Hypnose kann also Entführungsberichte nicht nur hervorrufen, sondern ihnen auch eine falsche Aura der Authentizität geben.

Evans[60] vermutet, Entführungen seien „keine UFO-Beob-achtungen im eigentlichen Sinn, sondern persönliche psycholo-gische Erlebnisse des Zeugen, der das Drumherum eines UFO-Vorfalles benutzte, weil es zufällig einen passenden Ausdruck für das Problem bot, mit dem er sich gerade herumschlug." Eine Entführung wäre demnach eine Methode, Streß und Pro-bleme symbolhaft zu bewältigen.

Soziologische Aspekte

Am Beispiel der Entführung der Hills kann gezeigt werden, wie stark die Umwelt das Ufo-Erlebnis beeinflußt.

Barney und Betty Hill waren ein gemischtrassiges Ehepaar. Zur Führung einer solchen konventionswidrigen Ehe gehörten damals wie heute Mut. 1961 formierten sich die Schwarzen in der Bürgerrechtsbewegung, die Sozialarbeiterin Betty Hill und ihr Mann unterstützten Martin Luther Kings Kampf für die Gleichberechtigung.

In den fünfziger Jahren liefen zahllose erfolgreiche Science Fiction-Filme in den Kinos. Wie Spencer[61] bemerkt, hatte da-mals das Kino einen anderen Stellenwert als heute: Man ging hin wie zu einem Treffen mit Freunden, oft ohne zu wissen, welcher Film gerade lief. Gleichzeitig eroberte sich das Fernse-hen einen festen Platz in den Heimen der Amerikaner. Eine der erfolgreichsten Serien war die Science Fiction-Reihe „Twilight Zone". Die Hills müssen diese Filme gesehen haben, denn sie spielten während der Hypnose darauf an. Im wachen Zustand bestritten sie, die Serie zu kennen.

Spencer weist darauf hin, daß nur vier Monate vor der Ent-führung Alan Shepard als erster Mensch am 5. Mai 1961 eine Raumkapsel verließ und frei im Weltraum schwebte. Shepard stammte aus Derry, New Hampshire – der Heimat der Hills! Obwohl beide angaben, seit dem Start des Sputnik 1957 nicht mehr miteinander über Weltraumfahrt gesprochen zu haben, ist das nicht sehr wahrscheinlich.

Barney Hill litt an einem Tumor, und während der verhängnisvollen Nachtfahrt unterhielt sich das Paar über die Befunde einer Röntgenuntersuchung, auf die Barney wartete. Dieser persönliche Streß, unterstützt durch einen gewöhnlichen Stimulus wie den Jupiter, hat wohl die Entführungsvision ausgelöst, die nachweislich Motive aus damals im Fernsehen gezeigten Science Fiction-Filmen enthielt. Barney wollte seiner Frau ursprünglich nicht glauben, da nur sie Erinnerungen an eine Entführung und Alpträume hatte. Als das Paar den Ufo-Forscher Fuller traf, der sie ernstnahm und hypnotisieren ließ – erst dann bestätigte Barney Bettys Version der Nacht.

Entführungen finden häufig während sogenannter Ufo-Wellen, hohen Konzentrationen von Sichtungen in einem geringen örtlichen und zeitlichen Raum, statt. Diese sind sicherlich ein weiterer konditionierender Faktor. Der Soziologe Ron Westrum von der Eastern Michigan University hat dieses Phänomen untersucht. „Nach einer eingehenden Analyse der Materie", schreibt er, „sowohl von Ufo- wie auch Seeschlangen-Wellen, folgere ich, daß nationale Wellen von der Presse erzeugt werden... Es gibt bei der Presse eine Art ‚Imitationsfaktor', durch den festgelegt wird, was gerade ‚interessant' ist... Der Raum, den die Medien einer bestimmten Anomalie einräumen, reflektiert in keinster Weise das tatsächliche Vorkommen des Phänomens. Wenn eine Anomalie gerade ‚interessant' ist, wird jeder Unsinn veröffentlicht, bis sich die Mode ausgetobt hat, dann: Aus! Nichts mehr wird gedruckt".[62]

Diese Wellen, von denen Keel noch 1970 schreiben konnte, sie seien noch nie von Soziologen untersucht worden, sind mittlerweile Gegenstand mehrerer soziologischer Aufsätze geworden.[63] Solche Wellen pflegen besonders dann aufzutreten, wenn sich ein Land in einer Krise befindet, offenbar ist dann der Wunsch nach „Hilfe von oben" besonders stark.[64]

Der britische Journalist Robert Rickard[65] zeigt die Dynamik einer solchen Welle am Beispiel einer Epidemie von Marienerscheinungen in der Republik Irland auf.

Nach einer auslösenden Beobachtung (am 14. 2. 1985 sahen mehr als 30 Kinder, wie sich eine Gipsmadonna bei Asdee, Co. Cork, bewegte) wurden 40 weitere Wunder dieser Art gemeldet. Während sich der Klerus einer Meinung enthielt und nur allgemein auf den Wert der Anbetung hinwies,[66] meinte der Psychologe Dr. Kirakowski von der Universität Cork, die Mirakel seien auf optische Täuschungen zurückzuführen.

Über den Sommer breitete sich die Welle aus, zahlreiche Iren glaubten, sie hätten winkende Madonnen oder Christi Gesicht auf ihren Fernsehschirmen gesehen, als eine Sendung über die Ereignisse ausgestrahlt wurde. Eine Überprüfung der Videobänder ergab keinen Hinweis. Am 5. 9. erschien der Teufel in Mitchellstown, Co. Cork, und erzeugte eine Panik unter Jugendlichen. In anderen Gegenden Irlands zerstörten Jugendliche eine Marienstatue und gaben an, den Befehl dazu vom Teufel erhalten zu haben.

Diese Welle religiöser Erscheinungen folgte der Dynamik der Ufo-Wellen: Eine aufsehenerregende Vision führte zu weiteren Berichten, die dabei immer variantenreicher wurden. Bevölkerung und Presse wurden für das Thema sensibilisiert, Witzbolde, Skeptiker und Gläubige verkündeten ihre Meinung.

Dr. Anthony Clare, Professor für Psychiatrie am St. Bartholomew's Hospital in London, bestätigte, daß es sich bei den Bewegungen der Statuen um optische Täuschungen handelte. „Daß so viele Leute so viel Bedeutung in diese banalen Erscheinungen hineinlesen", meinte er, „zeigt, daß sie einfach Bestätigung ihrer religiösen Überzeugung brauchen." Die Wundergläubigen stießen auf den Widerstand des örtlichen Klerus und der irischen Bischöfe, die der These von den optischen Täuschungen zustimmten und die Leute aufforderten, lieber in den Kirchen zu beten als zu den Statuen zu pilgern. Doch die traditionelle Volksfrömmigkeit siegte über die nüchterne Einstellung der Bischöfe.

Rickard weist darauf hin, daß die irischen Gläubigen Bestätigung nötig hatten, denn das ganze Land war wegen der Debatte um die Legalisierung von Scheidung und Verhütungsmitteln gespalten. Während der irische Premierminister Fitzgerald für die Legalisierung kämpfte, stand die Kirche in strikter Opposition. In Kerry, wo die Visionen begannen, hatte kurz vor Ausbruch der Welle ein unverheiratetes Mädchen sich und ihr Baby getötet. Die Iren fanden Erlösung von ihrer Krise in einer Welle von Wundern, die an Massenhysterie grenzte.

Das bedeutet, daß sich kollektive Spannungen in sozial konditionierten Visionen äußern und lösen können. Da die gesellschaftliche Akzeptanz der CE IV-Erfahrung in den USA immer größer wird, könnte sich die nächste große Krise in Amerika durch eine Entführungswelle äußern, so wie sie sich im traditionell katholischen Irland in einer Welle von Marienwundern manifestierte. Durch Filme wie Steven Spielbergs „Unheimliche Begegnungen der dritten Art", Bestseller wie Striebers „Die Besucher" (1987) und „Transformation" (1988), durch Ed Walters „UFOs" und die Verwendung des Motivs in Fernsehserien wie „Der Denver Clan" ist das Grundmuster einer Entführung mittlerweile Millionen von Amerikanern vertraut.

Alles Schwindel! – Die Ansicht der Skeptiker

Es ist sehr wahrscheinlich, daß sich unter den bis heute gemeldeten mehreren hundert Entführungen auch Schwindel befinden. Eine Gruppe von Forschern jedoch, das CSICOP („Committee for the Scientific Investigation of Claims of the Paranormal", Gesellschaft zur wissenschaftlichen Untersuchung paranormaler Behauptungen), allen voran der Elektroingenieur Philip J. Klass, behauptet, daß grundsätzlich alle Entführungsberichte erfunden oder von den Ufologen den Zeugen eingeredet worden sind. Als Motiv gilt Klass Geltungssucht und Geldgier. Das Problem des CSICOP ist, daß es mit einer vorgefaßten Meinung an die zu untersuchende Materie herangeht. Das hat Gründungsmitglieder wie den Soziologen Marcello Truzzi dazu bewogen, der Gruppe den Rücken zu kehren. Truzzi wirft dem CSICOP Datenmanipulation und sogar Fälschungen vor, damit ein gewünschtes skeptisches Ergebnis zustande kommt. Klass weist gerne auf Unterschiede in verschiedenen Versionen der Entführungsberichte hin und geht dann von zwei Alternativen aus: Entweder die Opfer wurden tatsächlich von einem außerirdischen Raumschiff entführt, oder aber sie lügen. Psychologische Überlegungen spielen dabei keine große Rolle.

Im Falle der Entführung von Pascagoula hat Klass darauf hingewiesen, daß niemand außer den Anglern das Ufo gesehen hat, obwohl viele potentielle Zeugen in der Nähe des Landeortes waren. Eines der Opfer, Hickson, machte unterschiedliche Angaben über den Durchmesser des Raumschiffes, die zwischen zwei und neun Metern schwankten. Die verschiedenen Berichte enthielten unterschiedliche Zeitangaben, die um zwei Stunden differierten. Hickson gab an, sein Auge sei im Ufo verletzt worden, enthüllte das aber erst einen Monat später in einem Interview mit Hynek. Zudem machte er widersprüchliche Aussagen über das Aussehen der Außerirdischen. Einmal beschrieb er sie mit, einmal ohne Augen. In einer Version seines Berichtes ist von ihrer summenden Sprache die Rede, in einer anderen von ihrer Stummheit. Klass fand heraus, daß Hickson ein Jahr vor seiner Entführung wegen geschäftlicher Unkorrektheiten entlassen worden war. Der Lügendetektortest, dem er sich unterzogen hatte, war von Laien durchgeführt worden, die sich an dem Gerät nicht auskannten, und konnte daher nicht als Beweis für eine Entführung gewertet werden.

Daher folgert Klass, daß Hickson gelogen hat. Er ignoriert jedoch dessen panische Angst nach der Entführung und die Parallelen zu Mythen und außergewöhnlichen Bewußtseinszuständen, die die Entführung kennzeichnen.

Im Falle von Travis Walton, der am 5. 11. 1975 verschwand und mehrere Tage lang unauffindbar blieb, sind sich viele Ufo-Forscher mit Klass einig. Es handelt sich wohl um einen Schwindel, möglicherweise, um aus der Geschichte Profit zu ziehen. Der Fall war der aufsehenerregendste des Jahres 1975 und sorgte weltweit für Schlagzeilen. Klass bezieht sich hauptsächlich auf einen Lügendetektortest, den Walton nicht bestand und ignoriert einen zweiten wenige Tage später, bei dem Walton nicht durchfiel. Nach Sachs[67] weist Waltons Bericht jedoch so viele Unstimmigkeiten auf, daß man Klass zustimmen muß.

Abb. 18: Travis Walton unterzog sich nach einer mehrtägigen Entführung einem Lügentest: Beim ersten fiel er durch, den zweiten bestand er.

Mehrere französische und südamerikanische Entführungen sind erwiesenermaßen Schwindel, die auf bereits vorher veröffentlichten Geschichten beruhen. In gleicher Weise hat ja auch Andreas Schneider eine spanische Ufo-Legende benutzt, um seine eigene Entführung zu erfinden. Solche Fälle weisen oft sehr viele atypische Motive auf, die eher in der Science Fiction als in der Mythologie anzutreffen sind. Häufig versuchen Schwindler, ihre Geschichten schnell zu vermarkten oder spielen Zeitungen gegeneinander aus, um den Preis in die Höhe zu jagen.[68] Oft werden auch, wie im Fall Adamski oder Ed Walters, gefälschte Fotos als angebliche Beweise vorgebracht. Wenn CE IV-Erlebnisse allerdings unbewußte Fiktionen sind, sei es in Gestalt besonders lebhafter Träume oder als Halluzinationen, dürfte es sehr schwer sein, jeweils die Grenze zwischen „authentischen" und „geschwindelten" Entführungen zu ziehen.

Klass glaubt, daß Ufo-Forscher und Parapsychologen mit ihren Untersuchungen anomaler Phänomene den Aberglauben des Mittelalters neu beleben. Er fürchtet ein neues antirationalistisches Zeitalter, in dem der Irrationalismus über die Wissenschaft triumphiert. Allein die Tatsache, daß sich Wissenschaftler objektiv mit der Frage, ob Entführungen real sind oder nicht, beschäftigen, veranlaßt ihn zu der Klage, „unnötige Ängste würden der Öffentlichkeit aufgezwungen".[69] Wenn Klass auch zuzustimmen ist, wenn er Hopkins Hypnosemethoden ablehnt, so argumentiert er sicherlich viel zu einfach, wenn er Strieber einen Lügner nennt und damit dessen Erlebnisse vom Tisch wischt.[70]

Das CSICOP wurde Ende 1976 von dem Behaviouristen Skinner und dem Philosophieprofessor Paul Kurtz, beide Vertreter einer extrem reduktionistischen Weltanschauung, in den USA gegründet. Man sieht seine Aufgabe darin, jede Art von Pseudowissenschaft zu bekämpfen. „Wir müssen der Hydra den Kopf abschlagen", ereifert sich Kurtz gegenüber dem „Spiegel".[71] Was jedoch Wissenschaft und was Pseudowissenschaft ist, bestimmt das CSICOP selbst. Pech, daß gerade Skinner, der geistige Mentor der Gruppe, selbst in die Pseudowissenschaft abgeglitten ist.

John Wheeler, der Physiker der Gruppe, sieht ebenfalls eine Gefahr darin, daß sich anerkannte Wissenschaftler mit der Parapsychologie beschäftigen: „Jetzt ist es Zeit für jeden, der an die Regeln der Vernunft glaubt, seine Stimme gegen diese pathologische Wissenschaft und ihre Vertreter zu erheben."[72]

Die Haltung des CSICOP ist ebenso unwissenschaftlich wie ihre Weigerung, anomale Daten objektiv zu untersuchen. Eine generelle These wie die, daß alle Entführungen geschwindelt sind, kann den vielfachen Faktoren, die zu einem solchen Erlebnis beitragen, nicht Rechnung tragen und muß daher nicht ernstgenommen werden.

Earth Mysteries: Ufos, Menhire und Schamanen

Die Earth Mysteries-Theorie ist der Versuch, Wissenschaft und Esoterik, Ratio und Intuition in Einklang zu bringen. Unter Earth Mysteries versteht man die Vorstellung, daß die Erde als lebendiger Körper manipuliert werden kann, damit eine Art paranormaler Kontakt zwischen ihr und den Menschen hergestellt werden kann.

Die britischen Vertreter dieser Theorie, Paul Devereux, John Michell und Nigel Pennick, gehen davon aus, daß die Erde ein lebender Organismus ist und eine noch unbekannte Form der Energie besitzt, sogenannte Erdstrahlen, die nur mit Wünschelruten festgestellt werden können. Diese Strahlung soll über Verwerfungslinien besonders stark sein. Das Wissen darüber soll heute verloren, dem Menschen der Steinzeit aber noch vertraut gewesen sein. Die Bündelung der Erdkräfte wurde erreicht, indem man durch geomantische Praktiken die Erdstrahlen durch Menhire und Dolmen, also Großsteinbauten, kanalisierte. Gerade Linien aus Menhiren nennt man Leys. Sie sollen einen doppelten Zweck erfüllen: Erstens bündeln sie die Erdenergie und machen so das Land fruchtbar (der Inhalt der Grallegende). Zweitens führen sie bei Sensitiven, die sich auf ihnen aufhalten, zu außergewöhnlichen Bewußtseinszuständen und religiösen Visionen. So nutzten die Schamanen im Einklang mit der Erde die Naturkräfte. Diese geomantische Praxis soll durch Geheimbünde, etwa die Tempelritter und die Dombauhütten, bis in unsere Zeit überliefert worden sein. Daher stehen auch die gewaltigen romanischen und gotischen Dome auf Leys.[73]

Der Entdecker der Leys war der Geschäftsmann Alfred Watkins. Im Sommer 1921 besuchte er das Dorf Blackwardine in Hereford, England. Als er seine Route auf einer Karte betrachtete, bemerkte er, daß mehrere Römerlager und Ringwälle der Gegend auf einer geraden Linie lagen. Bald entdeckte er, daß Menhire, Steinkreise und Dolmen, Ringwälle und Kirchen in England häufig auf gerade Linien fielen. Trug man diese Geraden auf einer Karte ein, erhielt man ein dichtes Spinnennetz, das Watkins für frühgeschichtliche Handelswege hielt. Andere Versionen der Entdeckung der Leys weiten die tatsächlichen Ereignisse legendenartig aus. Watkins soll demnach die Leys seiner Heimat in einer Vision gesehen haben, wie sie sich glühend über die Landschaft zogen.[74]

Watkins veröffentlichte mehrere Bücher über seine Entdeckung, die jedoch von den Wissenschaftlern bespöttelt wurden. Es bildete sich ein „Old Strait Track Club" (Club der alten, geraden Wege), der Watkins' Ideen propagierte, unter dessen Mitgliedern einige waren, die die Leys esoterisch deuteten.[75]

1958 veröffentlichte der französische Ufo-Forscher Aime Michel ein Buch, in dem er behauptete, daß alle Ufo-Sichtungen eines Tages, auf eine Karte eingezeichnet, auf eine gerade Linie fielen. Obwohl diese These bald widerlegt war, griff der britische Luftwaffenpilot Tony Wedd die Idee 1961 in einem Buch auf, das unter dem Titel „Himmelswege und Landzeichen" behauptete, die von Michel Ortothenien genannten Flugrouten der Ufos seien mit Watkins' Leys identisch. So verknüpfte er die Rätsel der menschlichen Frühgeschichte mit dem Mysterium der Ufos.[76] Erst acht Jahre später sollte Erich von Däniken mit einer ähnlich willkürlichen und weitaus simpleren Verknüpfung von Urzeit und Science Fiction zu Weltruhm kommen.

Zur Zeit der esoterischen Jugendbewegung gegen Ende der

sechziger Jahre erschienen weitere Bücher über Ufos und Leys, vor allem von John Michell, der Konzepte der Geomantie, das Ufo als visionäres Symbol à la Jung und die Verheißung eines goldenen Zeitalters durch eine Wiederherstellung des Ley-Systems mischte und damit einen großen Einfluß auf die Jugendbewegung ausübte. Rockmusiker wie Steve Hillage widmeten Michell ihre Platten.

Wie Webbs Interpretation in den sechziger Jahren in der Erwartung der Mondlandung technisch geprägt war und die Leys in den siebziger Jahren esoterisch gedeutet wurden, ist die Deutung in den achtziger Jahren vor allem ökologisch ausgerichtet. Devereux[77] meint, daß die Erdenergien, die durch die Leys angezapft werden, sich als Feuerball manifestieren können. Diese Lichter entstünden durch Reibung des Gesteins an Verwerfungslinien. Dort, wo die Priester der Megalithkultur solche Lichter beobachteten, hätten sie Menhire und Steinkreise errichtet, um diese Erscheinungen künstlich zu erzeugen und so kontrolliert schamanistische Astralreisen hervorzurufen. In dieser Weise sei es zu einer Kommunikation zwischen den Menschen und ihrem Planeten gekommen – eine perfekte Symbiose, durch „sakrale Technologie" erreicht. Wer heute solchen Erdstrahlen zu nahe komme, könne Visionen von Ungeheuern und Ufos erleben – dabei bringt der Beobachter durch Psychokinese die „Erdlichter" in die von ihm erwartete Form.[78]

Devereux gibt zu, daß der Anstoß zu seiner Theorie philosophischer, nicht wissenschaftlicher Natur war: „Die Theorie von den Erdlichtern erklärt wohl nicht alle Ufo-Sichtungen, dennoch glaube ich, daß es wichtig ist, die UFOs mit der Erde in Verbindung zu bringen – denn dieser Planet ist wichtiger für uns als irgendein anderer."[79]

Die Earth Mysteries-Theorie hat in Großbritannien zwei nicht immer deutlich unterscheidbare Schulen hervorgebracht. John Michell ist der Hauptvertreter esoterischer Ideen, die das Goldene Zeitalter, Geomantie und neues Heidentum verbinden. Die zweite Schule vertritt zwar die gleiche Ideologie, will sie aber wissenschaftlich untermauern. Hauptvertreter ist Paul Devereux. Er will mystische Erfahrungen wissenschaftlich erklären und doch im Gebiet der Esoterik bleiben. So mißt er mit einem Geigerzähler die radioaktive Strahlung an Steinkreisen, um zu belegen, daß durch eine neue „Geomantie fürs nächste Jahrtausend" eine ökologisch gesündere Gesellschaft entstehen könnte. Er interpretiert transzendente Zustände, darunter auch CE IVs, als „psychische (d.h. außerkörperliche und Nahtoderfahrungen, Poltergeister und Elementargeister) oder mystische (d.h. archetypische und visionäre) Erlebnisse, die dadurch ausgelöst werden, daß der Wahrnehmer geophysikalischen Kräften wie natürlicher Strahlung oder magnetischen und gravitationellen Anomalien ausgesetzt ist. Diese Felder beeinflussen die Hirnaktivität und ermöglichen so sensitiven Personen mystische und paranormale Erfahrungen."[80]

So vereint Devereux' Theorie all seine persönlichen Anliegen: ökologisches Gleichgewicht, die Leys, Ufos und Selbsterfahrung in einem persönlichen Glaubenssystem.

Michael Persinger, der Begründer der vergleichbaren amerikanischen „Theorie des tektonischen Stresses", ist Professor für Psychologie an der Laurentian University in Sudbury, Ontario. Seine Einstellung ist pragmatischer als die des Briten. Er vertraut auf Computer und Statistiken, und obwohl sich seine Vorstellungen dem „wissenschaftlichen Modell" von Devereux annähern (Erdlichter lösen durch Strahlung Visionen aus), findet sich in ihnen kein Mystizismus.

Persinger wurde durch die Werke Forts inspiriert. Er hat durch Computerstudien, deren Wissenschaftlichkeit allerdings von anderen Forschern bestritten wird,[81] festgestellt, daß fortianische Phänomene zeitlich geballt um kleinere lokale Erdbebenherde gruppiert sind. Auch er geht davon aus, daß die meisten Anomalien über Verwerfungslinien stattfinden und von geotektonischen Kräften erzeugt werden.

Ausgehend von der Entdeckung, daß Erdbeben kugelblitzartige Leuchtphänomene erzeugen können, die von Zeugen oft für Ufos gehalten werden, hat Persinger nach und nach andere von der Wissenschaft abgelehnte Phänomene, so Telepathie, Fischregen, Poltergeister und Ungeheuer, in sein System integriert. Die tektonischen Spannungen erzeugen Energien, die das

Gehirn eines Beobachters beeinflussen und dort Visionen auslösen. Für Großbritannien konnte Persinger eine auffällige
Korrespondenz zwischen Erdbeben und den von Fort gesammelten Anomalien feststellen.[82] Nun versucht er, sämtliche psychologische und soziologische Prozesse durch seine Theorie zu
erklären.

Das verwundert nicht, ist sie doch eine behaviouristisch-re-
duktionistische Theorie, die einen simplen Zusammenhang
zwischen Reiz und Reaktion annimmt: „Anfänglich zogen wir
irgendwo eine Grenze, heute tun wir das nicht mehr. Tatsächlich arbeiten wir zur Zeit an dem sogenannten ‚Katastrophenar-
chiv‘. Es besteht aus allen Ereignissen, die sich seit 1970 zuge-
tragen haben, z.B. Flugzeugabstürze, Amokläufer, Revolutionen, etc.“[83]

Bei seiner Arbeit versucht Persinger, trotz des außergewöhnlichen Themas nie die Grenzen der etablierten Wissenschaft zu
verlassen. Er weist darauf hin, daß seine Theorie noch weit
davon entfernt ist, als bewiesenes wissenschaftliches Paradigma
betrachtet zu werden. Er arbeitet hauptsächlich in akademi-
schen Kreisen, hat ein konventionelles Buch über Sekten geschrieben und veröffentlicht seine Arbeiten in angesehenen wissenschaftlichen Zeitschriften.

In Großbritannien hat Devereux weder Platz in wissenschaftlichen Zeitschriften erhalten, noch die Unterstützung der Ufo-
Forscher, denen die Erdlicht-Theorie zu stark mit Esoterik und
New Age verknüpft ist. In den letzten Jahren hat Devereux
versucht, seine Kritiker zufriedenzustellen, indem er nachprüf-
bare Messungen und Statistiken vorgelegt hat. Er will so die
verlangte Respektabilität erreichen, ohne die esoterischen Inhalte aufzugeben. In Amerika hält sich Persinger an die Spielre-
geln und hat sich damit eine gewisse Anerkennung erfochten.
Wie die Entführungen selbst sind auch die Gedanken der Earth
Mysteries-Theorie literarisch verwertet worden. Umberto Ecos
Roman „Das Pendel des Foucault" beruht auf Gedanken, die
Michell publiziert hat.[84]

Der amerikanische Exzentriker Charles Hoy Fort ist die bedeutendste Persönlichkeit in der Geschichte der Ufo-Forschung. Er ist der Erfinder aller heute noch vertretenen Theorien, von der ETH über die Earth Mysteries bis hin zu differenzierten soziologischen Vorstellungen über die Natur der Wellen. Am 6. 8. 1874 in Albany im Staate New York geboren, wuchs Fort unter dem tyrannischen Regiment seines Vaters, der einen kleinen Laden besaß, auf. Liebevoll zu seinen Brüdern und rebellisch seinem Vater gegenüber erwarb sich Fort schon in jungen Jahren einen tiefsitzenden Haß gegen jede Autorität. Mit 18 verließ er sein Elternhaus und schlug sich eher schlecht als recht mit Gelegenheitsjournalismus und Kurzgeschichten durch.

Fort verbrachte sein Leben (er starb am 3. 5. 1932 in New York) damit, in Bibliotheken in New York und London in alten wissenschaftlichen Zeitschriften nach „verdammten Tatsachen" zu suchen – „Mit verdammt meine ich ausgeschlossen. Ich präsentiere eine Prozession von Tatsachen, die die Wissenschaft ignoriert".[85]

Fort glaubte an keine der über 10 000 Meldungen über Ufos, Seeschlangen, Geister und Froschregen, die er gesammelt hatte. Er benutzte das Material nur, um seine wissenschaftssoziologische Position zu untermauern: Die etablierte Wissenschaft ist eine autoritäre Institution, die nach jeweils herrschender Mode festlegt, was Realität und was Unwahrheit ist. Was die Wissenschaft anerkennt, nennt Fort die „Dominante", was verworfen wird, das „Verdammte". Die Grenzen sind dabei fließend – die Wissenschaft von heute ist der Aberglaube von morgen, und umgekehrt. Er nimmt so Gedanken vorweg, die erst viel später, z.B. von Thomas Kuhn in seiner Theorie von Pardigmenwechsel, genauer beschrieben worden sind.

Dadurch, daß jedes Wissen nur durch das Ignorieren der Gegenargumente erworben werden kann, ist die Wissenschaft nach Fort unfähig, überhaupt positive Aussagen über unsere Welt zu machen – der Versuch, den Kosmos zu verstehen, ist per se lächerlich, weil unmöglich. Also nimmt Fort die Naturwissenschaftler recht selten ernst in ihrem Anspruch, das Universum zu enträtseln.

Fort behauptet, daß die Wissenschaftler unbequeme „Verdammte", die der „Dominanten" widersprechen, einfach übersehen – man erfindet schon Erklärungen, um unbequeme Tatsachen verschwinden zu lassen. Da das Universum eine Ganzheit ist, in dem jedes Einzelteil mit allen anderen Einzelteilen übergangslos verschmilzt (wie es zwischen den Farben rot und gelb unendlich viele Zwischentöne gibt), ist es sinnlos, etwas von etwas anderem getrennt zu betrachten – jede Trennung zwischen Wirklichkeit und Traum ist unmöglich.

Da es keine Möglichkeit gibt, irgend etwas jemals mit absoluter Sicherheit festzustellen, ist alle Wissenschaft nur eine Modefrage: „Glaubt an Gott – an Nichts – an Einstein – eine reine Modefrage – Mode ändert sich oft, um populär zu bleiben, paßt sie sich an. Eine neu angezogene Version der Hexerei wird vielleicht einmal das sein, an das man zu glauben hat. Kommet alle zu mir, und vielleicht mache ich Euch schick. Es ist sehr einfach, Vorstellungen, die heute als verstaubt gelten, zu modernisieren und sie wieder in Mode zu bringen. Ich sehe nichts, weder in der Religion, in der Wissenschaft, noch der Philosophie, das mehr wäre als ein modisches Kleidungsstück, das eine Zeitlang schick ist".[86]

Fort war Skeptiker. Da man nichts wissen könne und jede Erkenntnis nur eine Frage der Mode sei, gebe es auch keine Tatsachen: „Ich biete alles in meinen Büchern als reine Fiktion an. Das heißt, falls es Fiktionen gibt. Dieses Buch ist eine Fiktion wie die Bücher von Charles Dickens und Conan Doyle, wie Newtons ‚Principia', Darwins ‚Ursprung der Arten', die Genesis, Gullivers Reisen, alle mathematischen Theoreme und jede ‚Geschichte der Vereinigten Staaten'. Es gibt einen Mythos in Bibliotheken, der mich sehr irritiert: die Trennung zwischen Romanen und Sachbüchern".[87]

Diese Trennung muß sinnlos sein, da in einer Einheit alles mit allem verknüpft ist: „Wenn eine Flasche Ketchup von der Feuerleiter eines Mietshauses in Harlem fällt, wird das bemerkt – nicht nur von den indignierten Nachbarn einen Stock tiefer, sondern – wenn auch unendlich gering – universell; vielleicht beeinflußt das den Preis für Schlafanzüge in Jersey City; die Laune einer Schwiegermutter in Grönland; die Nachfrage nach geriebenem Horn von Nashörnern als Heilmittel gegen Rheumatismus in China – vielleicht – weil alle Dinge miteinander verknüpft sind – fortlaufend – alles ist eins".[88]

Nur so sind Forts Äußerungen zum Ufo-Problem verständlich. Von ihm stammt die Idee, Leuchterscheinungen am Himmel könnten außerirdische Besucher sein, mysteriöse Artefakte der Urzeit könnten von Bewohnern fremder Planeten hier vergessen worden sein, schließlich äußerte er sogar, die Menschheit sei im Besitz fremder Wesen, die uns wie Kühe züchteten – die Grundlage des Glaubens an Entführungen war damit gelegt. Forts Anhängerschaft war in den zwanziger Jahren in den USA enorm. Bedeutende Schriftsteller, wie Theodore Dreisser und Ben Hecht, traten einer „Fortianischen Gesellschaft" bei.[89]

Fort hat auf zahlreiche Aspekte anomaler Phänomene hingewiesen, die soziologisch relevant sind: so den Zusammenhang zwischen Beobachtung und Weltbild des Zeugen, die Art, wie die Wissenschaft und die Öffentlichkeit mit Anomalien umgehen, und Beobachtungen darüber, wie in der Wissenschaft neue Erkenntnisse die alten ablösen.

Fort hatte seine eigenen Vorstellungen, warum es nach dem Ersten Weltkrieg zu Wellen von Ufo-Sichtungen kam. 1921 schreibt er in seinem Buch „New Lands": „Nachwehen des Krieges: Forderungen nach Reparationen, unruhige und überfüllte Völker, Revolutionen gegen Beschränkungen, unerträgliche Restriktionen gegen Emigration. Der junge Mann wird nicht mehr gedrängt und hat auch wenig Lust, nach Westen zu ziehen. Er wird, er muß die Verlockung anderer Dimensionen hören. Es gibt viele Leute, die, obwohl sie nie dort gewesen sind, die Überzeugung vertreten, beide Pole der Erde seien erforscht. Es gibt zu viele Damen, die Luxusreisen ins ‚dunkelste Afrika' unternehmen. Die Eskimos von Disco in Grönland haben eine eigene Zeitung. Wenn es keinen Ausweg gibt, muß es zur Explosion kommen"[90] – Sichtungen von Besuchern aus unerforschten Gebieten.

Der Journalist John A. Keel war der erste, der in den sechziger Jahren Forts Philosophie auf das immer komplexere Ufo-Phänomen anwandte. Nach Fort waren Besucher von anderswo schon zu Urzeiten zur Erde gekommen, die Menschheit war in ihrem Besitz. Da es nach Forts Vorstellung keine Grenzen zwischen Wahrheit und Phantasie gab, forderte Keel,[91] daß eine Untersuchung des Ufo-Phänomens alle Aspekte berücksichtigen müsse, „sowohl die Schwindel, als auch die zahlreichen heute als authentisch geltenden Fälle. Die Daten müssen quantitativ betrachtet werden, gleich, wie schwierig das auch sein mag."

Keel faßte drei Hauptthesen Forts zusammen: die Idee der „ungezähmten Talente" (Menschen mit paranormalen Fähigkeiten), die „Teleportation" (eine Naturkraft, die Materie im Universum verteilt) und die „Besucher aus dem All".

Keel glaubt, daß es in „anderen Dimensionen" Elementargeister gibt, die in unsere Welt eindringen können. Auf das Erscheinen dieser „Ultraterrestrier" gründen sich unsere Religionen und Philosophien – sie waren seit Urbeginn der Zeit anwesend und manipulieren die Welt nach ihrem Willen. Ihre wahre Natur sind die Lichtkugeln am Himmel, alle Nahbeobachtungen, also auch die Entführungen, sind von ihnen veranstaltete Theaterstücke, die uns Menschen verwirren und programmieren sollen. Um uns zu beeinflussen, tauchten die Ultraterrestrier in der Antike als Götter auf, im Mittelalter als Kobolde und Dämonen, später als irdische Wissenschaftler und heute als Menschen von der Venus. Der Sinn dieses Programmierungsprozesses ist unbekannt, wird von Keel aber negativ gesehen. Wie einige Entführungsfanatiker glaubt er, die Ultraterrestrier seien auf unser Blut angewiesen, um leben zu können. Die Ultraterrestrier kontrollieren uns und sichern sich die Kooperation der Menschen durch das Schaffen von Religionen, seien das nun die Mormonenkirche, das Christentum oder die Ufo-Sekten um George Adamski. Dennoch sollen die Ultraterrestrier keine vom Beobachter unabhängige Kraft sein: „Im gewissen Sinne sind wir die Intelligenz, die das Phänomen kontrolliert".[92]

Ähnlich wie Keel denkt auch Jacques Vallee, daß die Ufos von einer Intelligenz kontrolliert werden, die die Menschheit

Abb. 19: Außerirdisches Wesen, das dem 12. September 1952 bei Flat-woods/West Virginia aus einem Raumschiff stieg und von Kathleen May und sieben weiteren Zeugen beobachtet wurde.

durch Religionen programmiert. Beide Autoren haben interessante Analysen einzelner Aspekte des Ufo-Phänomens vorgelegt und sich vor allem auch dem Ufo-Mythos ähnlichen Glaubensvorstellungen früherer Zeiten gewidmet. Die dabei erzielten Erkenntnisse, die die gleichen Mechanismen bei verschiedenen Arten der Folklore und bei der heutigen Ufo-Legende offenlegen, werden allerdings dadurch geschmälert, daß obskure und oftmals beängstigende Szenarien von blutsaugenden Kobolden entworfen werden, ohne daß deren Existenz in irgendeiner Weise bewiesen würde.

Unter den von Keel und Vallee beeinflußten jüngeren Autoren haben vor allem Jerome Clark und Loren Coleman mit ihrer Vision der zeugenorientierten, „humanistischen Ufologie" großen Einfluß auf die europäischen Autoren gehabt, die heute Sichtungen durch geisteswissenschaftliche Vorstellungen erklären wollen. Clark und Coleman veröffentlichten 1975 das Buch „The Unidentified", in dem sie erklären, weder Ungeheuer noch Untertassen seien naturwissenschaftlich zu erklären. Der einzige Weg zu ihrem Verständnis liege in einer Analyse der Sichtungen nach der Traumdeutung C. G. Jungs: „Außerirdische Raumschiffe könnten gar nicht so oft zur Erde kommen, wie sie gesehen werden ... Ebensowenig kann es so viele unbekannte große Tiere geben, die durch die Landschaft und die Straßen unserer Städte tollen, ohne wissenschaftlich erforscht und klassifiziert zu sein. Vor allem hätten sie uns physikalische Beweise ihrer Existenz hinterlassen müssen, nicht nur vage Indizien wie bisher. Es gibt immer gerade genug Anzeichen dafür, daß die berichteten Ereignisse keine Halluzinationen waren, aber nie genug für den Beweis ihrer Existenz."[93] Beide folgern daraus: „Ufos und Ungeheuer werden durch einen einzigen paranormalen Mechanismus ausgelöst".

Coleman ist bis heute der fortianischen Betrachtungsweise treu geblieben, wenn er auch jetzt argumentiert, daß Monster tatsächlich existieren. Er lehrt Soziologie an der University of Maine und hat zwei weitere Bücher über fortianische Ereignisse in den USA veröffentlicht. Clark dagegen ist immer mehr von der paranormalen Theorie abgekommen, beschäftigt sich als

Herausgeber des „International UFO Reporter" nur noch mit Ufos und glaubt nun an deren außerirdische Herkunft. Sein Sinneswandel scheint vor allem durch ein allzu wörtliches Hinnehmen der Entführungsberichte und Gerüchte über abgestürzte Untertassen gekommen zu sein.

CE IV und Science Fiction

Man kann sowohl das Ufo-Phänomen als auch die Science Fiction (SF) als kreativen Ausdruck des wissenschaftlich-technischen Zeitgeschmacks betrachten. Ufo-Erscheinungen haben die SF-Schreiber beeinflußt. In gleicher Weise haben aber auch die Vorstellungen der Science Fiction den Ufo-Mythos verändert.

Die Welle von Sichtungen eines geheimnisvollen Luftschiffes in den USA in den Jahren 1896 und 1897 wurde von dem französischen Autor Jules Verne bereits 1886 in seinem Roman „Robur-le-Conquerant" („Robur der Eroberer") vorweggenommen. Zahlreiche heutige Entführungen enthalten Elemente aus dem Roman „Slaughterhouse Five" („Schlachthof 5") des amerikanischen Schriftstellers Kurt Vonnegut, der 1969 veröffentlicht wurde. Die schönen Venusier Adamskis stammen aus dem gegen Ende des 19. Jahrhunderts in Deutschland veröffentlichten Roman „Auf zwei Planeten" des Autors Kurd Laßwitz.

Falls Ufo-Berichte wirklich unbewußte Fiktionen der Beobachter sind, dann ist verständlich, warum Erzählinhalte von Literatur, Folklore und „Tatsachenberichten" identisch sind. Wie das Ufo-Märchen aus der Koboldfolklore entstanden ist, so kommt die SF aus der Tradition der „gothic novel", des Schauerromans. Bei beiden hat die wissenschaftliche und technologische Terminologie die paranormale und mythologische abgelöst. Whitley Strieber, selbst Autor von SF-Romanen und Entführungsopfer, führt zwei Beispiele an, in denen Romane spätere Ufo-Sichtungen vorweggenommen haben.

In dem Drama „Twilight Bar", das Arthur Koestler 1933 schrieb, fliegt ein riesenhafter Meteor über eine Stadt. Das pfei-

fende Objekt führt zu einem totalen Stromausfall – eine apokalyptische Warnung an die Welt. Man erkennt den Versuch,
Kriegsängste und Himmelszeichen miteinander zu verbinden,
wie es die alten Kometenflugblätter der frühen Neuzeit taten.[94]

Beim großen New Yorker Stromausfall von 1965 sah der
Schauspieler Stuart Whitman ein pfeifendes Ufo vor seinem
Fenster im zwölften Stock eines Hochhauses und erhielt die
telepathische Botschaft, der Stromausfall sei „eine Warnung für
die Welt".[95]

In einem SF-Roman von 1950, „The Flying Saucer" („Die
fliegende Untertasse") von Bernard Newman, bringt ein Ufo
einen Automotor zum Stillstand. Erst danach tauchten in den
Ufo-Journalen Berichte über Ufos auf, die Automotoren ab-
schalteten.[96] Naturwissenschaftlich orientierte Ufologen schlie-
ßen aus solchen Episoden, elektromagnetische Energien aus
dem fremden Raumschiff hätten den Motor abgewürgt, eine
Deutung, die angesichts der langen Tradition stehenbleibender
Fahrzeuge vor übernatürlichen Besuchern und der Vorwegnah-
me des konkreten Falles in der Literatur unwahrscheinlich ist.
Strieber[97] klammert sich an einen Strohhalm und vermutet,
„Besucher" hätten den Romanautoren das nötige Wissen vermittelt.

Auch Hilary Evans[98] gibt Beispiele von vollkommen identischen Berichten über das Auftauchen und Manövrieren lautlo-
ser Ufos aus Literatur und „Wirklichkeit": „Die Ähnlichkeit
zwischen den Passagen ist auffällig, obwohl die zweite eine
argentinische UFO-Beobachtung aus den 70er Jahren beschreibt, während die erste ein Auszug aus einer englischen
Abenteuergeschichte von 1911 ist. Eine oder zwei solcher Par-
allelitäten könnte man dem Zufall zuschreiben, aber der belgische Autor Bertrand Méheust hat ein ganzes Buch mit ihnen
gefüllt". Evans führt weitere Beispiele an, darunter die Illustra-
tion einer SF-Geschichte aus dem Jahre 1897, die eine moderne
Untertasse zeigt.[99]

Die erste große amerikanische Welle von Luftschiff-Beobach-
tungen, die im November 1896 begann und die viele Aspekte
des Ufo-Phänomens (wie Landungen, Tierverstümmelungen

und Kontakte) vorwegnahm, wurde von Jules Verne bereits ein Jahrzehnt zuvor beschrieben. Tatsächlich findet man in Vernes Büchern viele Elemente der Entführungen, von den unglaublichen Flugmaschinen und U-Booten bis zu der Tatsache, daß bei Verne die Helden immer wieder von dem verrückten Wissenschaftler, der die Geräte konstruiert hat, entführt werden. Der spanische Ufo-Forscher Luis R. Gonzáles[100] bemerkt dazu: „Tatsächlich gleichen die Romane Vernes dem, was das Luftschiff 1897 über den USA getan haben soll. Von diesem Datum an finden wir in der Science Fiction bereits all die Charakteristiken, die später das Ufo-Phänomen definieren sollten: fliegende Untertassen, stehenbleibende Autos, elektromagnetische Effekte etc."

SF-Romane waren zu Anfang des Jahrhunderts vor allem schnell geschriebenes und billig verkauftes Lesefutter. Evans[101] erklärt, daß bereits damals alle Elemente der Entführungen in SF-Romanen vorausgesehen worden waren: „Die europäischen SF-Schreiber der zwanziger Jahre beschrieben imaginäre Situationen, die den angeblich echten Entführungen der siebziger Jahre so genau ähneln, daß ein Zufall vollkommen ausgeschlossen werden kann. Méheusts Buch ist voll von solchen Parallelen, ein Beispiel ist ein französischer SF-Roman, dessen Held in einem kleinen, von einem grünen diffusen Licht erleuchteten Raum zu sich kommt. Das Licht hat keine Quelle, sondern scheint von dem Material des Schiffes selbst zu stammen, Türen und Fenster sind nicht sichtbar, doch sie erscheinen, wenn sie gebraucht werden. Vergleichen Sie das mit dem Bericht des Entführten Higdon, der in einem kleinen Raum zu sich kam, der hell erleuchtet war, obwohl der Zeuge keine Lichtquelle bemerkte, oder mit dem Bericht von Diaz, der kein Licht sehen konnte, aber das Gefühl hatte, die Wände seien durchsichtig; wie der Held der SF-Geschichte befand er sich in einem winzigen Raum ohne Möbel".

Im Jahre 1969, als bereits einige Entführungen bekannt waren, veröffentlichte Kurt Vonnegut seinen Roman „Schlachthof 5", der von der Zerstörung Dresdens im Zweiten Weltkrieg handelt. Der Held des 1972 verfilmten Romans ist ein Niemand, Billy Pilgrim, der immer wieder Ufos sieht und von ihnen entführt wird. Er wird auf den Heimatplaneten der Außerirdischen, Tralfamadore, gebracht und dort in einem Zoo ausgestellt. Damit es ihm dort nicht zu langweilig wird, schenken ihm die Außerirdischen eine Gespielin, einen Sexfilmstar, den Pilgrim seit langem bewunderte. Pilgrim schreibt Leserbriefe an die Zeitungen, in denen er von seinen Weltraumabenteuern berichtet und wird schließlich ermordet, als er einen Vortrag über seine Erlebnisse hält.

Vonneguts Geschichte ist das Psychogramm eines Kontaktlers. Pilgrim muß die Zerstörung Dresdens miterleben und wird diesen Schrecken nie mehr los. Er macht Karriere, erleidet aber beim Tode seiner Frau einen Nervenzusammenbruch. Erst dann kommen die Ufos und entführen Pilgrim in eine Traumwelt, entmündigt aber glücklich kann er dort seinen Lebensabend verbringen. Die Philosophie, die ihm die Außerirdischen vermitteln („Merk Dir die guten Stunden im Leben und vergiß die schlechten"), hilft ihm, das Grauen in seinem Leben zu ignorieren.

„Billys Lösung der Probleme der modernen Welt", schreibt der Literaturwissenschaftler Stanley Schatt,[102] „ist es, einen Himmel zu erfinden, den er aus dem Material des 20. Jahrhunderts errichtet. Dort hat die Gute Technik über die Böse Technik gesiegt. Seine Heilige Schrift ist die Science Fiction, die letzte gute Utopie des Menschen".

Vonneguts Gesellschaftssatire benutzt das populäre Thema der fliegenden Untertassen und die Form der SF, um philosophische Probleme zu analysieren. Vonnegut hätte ebensogut erklären können, er sei Billy Pilgrim (Dichter und Hauptperson scheinen in dem Buch schicksalhaft miteinander verbunden), um so seiner Geschichte den Hauch der Authentizität zu geben. Er hat das nicht getan, aber es gibt Anzeichen dafür, daß einige Kontaktler und Entführte so vorgegangen sind, um ihre hausbackene Weltanschauung unter die Leute zu bringen.

Der berühmte amerikanische Kontaktler George Adamski ist das beste Beispiel dafür. Er will 1952 auf Venusier mit langen blonden Haaren getroffen sein, die ihn vor der Atombombe warnten und auf Raumflüge mitnahmen. Wie der Journalist Frank Edwards herausfand, hatte Adamski seine Begegnungen zuerst in Romanform verfaßt und dafür keinen Verleger gefunden. Nach dem Aufkommen der Ufos überarbeitete er sein Manuskript und ließ es als Sachbuch drucken. Es wurde um einen Teil ergänzt, den der Okkultist Leslie schrieb und der – ganz wie Däniken 20 Jahre später – Sagen und Mythen als antike Reportagen von Ufo-Landungen deutete. Adamski behauptete nun, er sei am 20. 11. 1952 in der kalifornischen Wüste auf einen schönen Venusier getroffen, der ihm zu verstehen gab, die Union der Planetarier sei über die Erfindung der Atombombe höchst besorgt. Seinen SF-Roman hatte er bereits 1949 unter dem Titel „An Imaginary Trip to the Moon, Venus and Mars" („Eine fiktive Reise zum Mond, Mars und der Venus") zum Copyright angemeldet.[103]

Auch Whitley Strieber[104] hat man unterstellt, sein „Tatsachenbericht" sei nur eine clevere Form der Verpackung. Strieber habe ein ihm wichtiges Thema verbreiten wollen und dazu, wie schon früher, die Form eines fiktiven Sachbuchs gewählt.[105] Auf jeden Fall stellt Striebers Entführung die folgerichtige Weiterentwicklung seiner Romanthemen dar und muß daher als sehr persönliches Dokument gesehen werden.

Andere Beiträge zur SF, allen voran Steven Spielbergs Film „Unheimliche Begegnungen der dritten Art" müssen auf so viele Menschen eingewirkt haben, die dadurch die nötigen Bildmotive zur Fabrikation eines Entführungserlebnisses in ihrem Unterbewußtsein gespeichert haben, daß nicht auszuschließen ist, daß ein Großteil der Entführten, die ab 1980 entdeckt wurden, nur Szenen aus diesem Film reproduziert hat.

Ufos als Religionsersatz: Die Sekten

Zu dem Gebiet der Ufo-Sekten liegen mehr soziologische Einzeluntersuchungen vor als zu irgendeinem anderen Aspekt des Phänomens. Bereits 1956 haben die Soziologen Festinger, Rieken und Schachter eingehend eine Kontaktlersekte untersucht.

Diese Gruppe hatte sich 1954 um das Medium „Marian Keech" (Pseudonym) in Lansing, Michigan, gebildet. Frau Keech war ein automatisches Schreibmedium, das Mitteilungen von „kosmischen Wächtern" erhielt.

Festinger, Riecken, Schachter und mehrere Beobachter traten der Sekte bei oder besuchten ihre Treffen, um den Prozeß, den eine auf eine nicht eintretende Prophezeiung fixierte Gruppe durchläuft, zu untersuchen.

Marian Keech war eine Hausfrau mit beträchtlicher okkulter Erfahrung und esoterischen Interessen, sie war Anhängerin der Scientology-Kirche, der von dem SF-Autoren Hubbard gegründeten Sekte. Als sie mit automatischem Schreiben (bei dem das Bewußtsein des Mediums ausgeschaltet wird und das Schreibgerät sich wie von selbst über das Blatt bewegt) zu experimentieren begann, erhielt sie Nachrichten von Sananda vom Planeten Clarion, dem wiedergeborenen Christus. Er unterrichtete sie über eine bevorstehende Flutkatastrophe am 21. 12. 1954, bei der ein großer Teil der USA vernichtet werden sollte. Nur eine kleine Gruppe könnte von den Ufos gerettet werden, darunter Mrs. Keech. Die Prophetin begann nicht, für ihre Weltanschauung zu missionieren. Sandana hatte ihr mitgeteilt, die Auserwählten würden sich automatisch bei ihr einfinden.

Frau Keech berichtete davon auf einem Vortrag vor einem Ufo-Club und bei ihren Freunden von der Scientology-Kirche. Unter diesem ebenfalls okkult vorbelasteten Publikum rekrutierte sie ihre ersten Anhänger, darunter den Universitätsprofessoren Dr. Ch. A. Laughead, der zudem Sympathisant der faschistischen Partei der USA war. Er übernahm zusammen mit seiner Frau die Werbung für die Sekte und gab seine Stelle bei der Michigan State University auf. Er interessierte mehrere seiner Schüler für die Prophezeiung, und so kam, ohne aufdringliche Werbung, eine kleine Gruppe neugieriger und gläubiger Personen zusammen, die sich regelmäßig bei Frau Keech oder Herrn Laughead trafen. Außer einer Presseerklärung, die die kommende Flut in vagen Worten erwähnte, wurden keine Statements abgegeben, denn „die Jungs von oben", wie die Gruppe die Außerirdischen nannte, rieten zur Vorsicht.

H. Taylor Buckner, ein amerikanischer Soziologe, der ebenfalls Ufo-Kulte untersuchte, beschrieb die Welt der „okkulten Suchenden", aus denen Frau Keech ihre Anhänger rekrutiert hatte, so: „Die soziale Umgebung des Okkultsuchers ist sehr ungewöhnlich. Der Sucher bewegt sich in einer Welt, die von Astralgeistern, kosmischen Wahrheiten, Astrologen, Mysterienschulen, versunkenen Kontinenten, magischer Heilung, menschlichen ‚Auras', ‚der Wiederkehr Christi', der Telepathie und Vibrationen bevölkert ist ... Die Sucher kennen sich untereinander, denn sie sehen sich regelmäßig auf den Treffen, die sie besuchen. Es gibt eine Art okkulter Umwelt, die all die verschiedenen Philosophien und die Menschen, die rastlos von einer zur anderen wandern, enthält. Eine neue Philosophie kann sich gleich ein großes Publikum sichern, einfach dadurch, daß sie unter den Suchern verbreiten läßt, daß es sie gibt".[106]

Diese „Sucher" sind der gleiche Menschenschlag, der auch obskuren christlichen Sekten beitritt.[107] Die Glaubenssysteme dieser okkulten und fundamentalistischen Sekten[108] enthalten häufig die gleichen esoterischen Bestandteile in verschiedener Gewichtung. Bei der Gruppe um Marian Keech waren das untergegangene Kontinente, fliegende Untertassen, Raumfahrer zu Urzeiten der Menschheit, der immerwährende Kampf zwischen Gut und Böse, die Wiedergeburtslehre, Scientology und die Wiederkunft Christi. Selbst einer der in Ufologenkreisen so gefürchteten teufelartigen Männer-in-Schwarz besuchte die Gruppe.

Das Glaubenssystem der Sekte wurde erst allmählich erstellt, vor allem durch die zahllosen automatischen Botschaften. Dr. Laughead, der sehr um „Beweise" bemüht war, ging zu den Seancen anderer Medien, um unabhängige Bestätigungen zu erhalten. Die Aussagen des Mediums Ella Lowell waren notgedrungen vage und widersprachen manchmal Offenbarungen der Gruppe, wurden aber in das System integriert. Später wurde Frau Lowell selbst Mitglied der Sekte. Ein anderes Mitglied der Gruppe, die unsichere und leicht neurotische Bertha Blatsky, begann plötzlich, mit der Stimme des „Schöpfers" zu sprechen und verschiedene Aussagen aus den automatischen Sitzungen zu bestreiten oder zu modifizieren. Die Botschaften konnten dennoch in das System integriert werden. Schließlich, nach einem internen Ränkespiel, ordnete sich Bertha Blatsky wieder Frau Keech unter, und beide Medien bestätigten sich gegenseitig – die erste Zerreißprobe war überstanden.

Bemerkenswert, daß auch bei dieser Sekte, wie bei den CE IVs, Wiedergeburtssymbolik eine große Rolle spielte: Einmal wurde Frau Keechs skeptischer Gatte für tot erklärt und symbolisch wiedererweckt. Bertha Blatsky war der Überzeugung, sie werde einen neuen Christus zur Welt bringen, und vollzog sogar eine symbolische Geburt mit gespielten Wehen. Schließlich bedeutete auch die Rettung der Gruppe durch die Ufos eine Art Wiedergeburt.

Je näher der Tag der Katastrophe kam, desto aufgeregter und konfuser wurde die Gruppe. Aufkommende Skepsis wurde sofort erstickt. Man kapselte sich von der Umwelt ab und weigerte sich, mit der Presse zu sprechen. Teile der automatischen Botschaften wurden vernichtet, andere versiegelt und versteckt. Trotz der Demonstration unbedingten Glaubens gab es unbewußte Zweifel, die Sucht nach Bestätigung war groß. Hatte sich die Suche nach Beweisen bisher auf okkulte Kreise, Medien und die Konsultation von Ufo-Büchern beschränkt, so fand man sie nun in allem, was sich kurz vor der angeblichen Landung ereignete.

Als z. B. ein Kind anrief und scherzte, es stamme vom Planeten Clarion, glaubte die Gruppe, endlich direkten Kontakt zu denen „da oben" zu haben. Ähnliches geschah, als mehrere Kinder mit der Behauptung, sie seien Außerirdische, die Gruppe besuchten – auch ihnen wurde geglaubt. Frau Keechs „Begeisterung über diese Beweise wurde nur von ihrer Bereitschaft, an sie zu glauben, überflügelt", bemerkt Festinger.[109]

Ein neuer Beobachter, der von den Soziologen in die Gruppe eingeschleust wurde, galt gleich als auserwählt. Einige glaubten sogar, er sei ein Außerirdischer. Zuerst fragte man ihn nach Befehlen, dann wurden sie von ihm verlangt. Je länger die Untertassen auf sich warten ließen, desto stärker mußte der Zweifel unterdrückt werden, und desto größer wurde die Notwendigkeit, neue Befehle von „oben" zu erhalten.

In den letzten vier Tagen vor dem Weltuntergangsdatum erhielt die Gruppe zweimal die Aufforderung, sich im Hof zu versammeln, weil bald ein Ufo landen würde, um sie abzuholen. Festinger beschreibt die Szenen, die auf diese Ankündigung folgten: Fast überglücklich, mit Tränen in den Augen, rissen sich die wartenden Gruppenmitglieder alles Metall vom Körper (es war mitgeteilt worden, Metall könne in der Untertasse gefährlich werden) und gingen dann in den Hof, wo sie mehrere Stunden lang vergeblich im Schnee auf die Landung der Sternenbrüder warteten. Die Enttäuschung darüber war sehr groß, wurde aber durch eine Rationalisierung besänftigt: Die Wächter hätten die Gruppe nur getestet, um ihnen Routine beim Besteigen des Raumschiffes zu ermöglichen – es mußte ja zum entscheidenden Zeitpunkt alles sehr schnell gehen. Diese automatisch durchgegebene Erklärung erfüllte die Gruppe mit Glück und Freude.

Als ein zweiter Termin am folgenden Tag ebenfalls nicht eingehalten wurde, kam wieder Zweifel auf – doch auch hier konnte wieder „rationalisiert" werden: Der zweite Fehlalarm sei ein Test für die Festigkeit des Glaubens gewesen, wie die Versuchung Christi oder Hiobs. So bestätigten die Enttäuschungen den Glauben der Gruppe, statt ihn zu erschüttern. Einige Sektenmitglieder hatten ohnehin in der Erwartung des nahen Weltuntergangs ihr irdisches Gut veräußert oder waren, wie Dr. Laughead, aus ihrem Beruf entlassen worden. Für sie gab es kein Zurück mehr. Dr. Laughead war sogar für die Enttäuschung dankbar. „Nachdem er das durchgestanden hatte, konnte ihn nichts mehr ängstigen".[110]

Die entscheidende, wenn auch nicht letzte Enttäuschung kam am 21. Dezember, als weder der Weltuntergang eingetreten noch die Ufos gelandet waren. Doch auch trotz dieses offensichtlichen Nichteintretens der Prophezeiung fand die Gruppe eine Erklärung, die sie zufriedenstellte: Da sich eine Gruppe gläubiger Menschen in der Stadt versammelt hatte, war die Katastrophe verschoben worden. Während die versammelte Gruppe diese Erklärung dankbar schluckte, zweifelten die Gruppenmitglieder, die den Weltuntergang isoliert in ihren Wohnungen erwartet hatten und denen daher die Unterstützung der Gruppe fehlte. Sie verließen die Sekte ernüchtert.

Die weiterhin gläubigen Mitglieder der Sekte erhielten durch die Erklärung eine Bestätigung ihrer Elitefunktion – sie hatten die Welt gerettet, und dennoch konnte der Untergang jederzeit eintreten. Sie schlossen daher, sie trügen eine besondere Verantwortung und begannen erst jetzt zu missionieren. Die Gruppe hatte sogar den Mut, als eine neue Mitteilung durchgegeben wurde (man solle vor das Haus gehen und Weihnachtslieder singen, dann werde ein Ufo landen und sie mitnehmen), diese Vorhersage öffentlich bekanntzumachen. Eine neugierige Menge von 200 Personen versammelte sich, doch kein Ufo kam. Später erklärten die Gläubigen, sie hätten mitten in der Menschenmenge einen Raumfahrer in einem weißen Anzug mit ernsten Augen gesehen – auch das galt als Bestätigung.

Obwohl es die Gruppe vorher abgelehnt hatte, mit Presse, Rundfunk und Fernsehen zu sprechen, verständigte man nun die Medien, überließ ihnen Tonbänder und vervielfältigte die automatischen Botschaften. Obwohl man beschlossen hatte, nur die Zeitungen zu informieren, die fair oder positiv über die Sekte berichtet hatten, informierte man alle. Ein Journalist, der sich über die Gruppe lustig gemacht hatte und der nur einige Tage zuvor zurückgewiesen worden war, wurde nun wärmstens empfangen und bewirtet, man widmete ihm mehrere Stunden Zeit. Auch wurde nun jede kleine Meldung über Erdbeben und Katastrophen als Beleg für den Fast-Weltuntergang des Vortages gewertet. Als ein weiterer Beobachter eingeschleust wurde, nahm die Gruppe sofort an, er sei einer der Wächter. Was immer er sagte, häufig in dem Bestreben, neutral zu bleiben und die Vorstellungen der Gruppe nicht zu beeinflussen, wurde als Bestätigung betrachtet: „Die Gruppe belegte seine Besuche mit der von ihr gewünschten Bedeutung".[111]

Festinger, Schachter und Riecken folgerten aus ihrer Erfahrung, daß fünf Faktoren vorhanden sein müssen, damit eine

Gruppe eine erfolgreiche Uminterpretation der falschen Prophezeiung vornehmen kann:

1. Sie muß überzeugt sein.
2. Sie muß sich dieser Überzeugung gegenüber verpflichtet fühlen.
3. Diese Überzeugung muß unwiderlegbarer Widerlegung gegenüber veränderbar sein.
4. Diese unwiderlegbare Widerlegung muß eintreffen.
5. Nach der Widerlegung muß sich die Gruppe gegenseitig unterstützen.[112]

Ein Vergleich mit der Situation der Entführten drängt sich auf. Obwohl sie in den seltensten Fällen Sekten gründen, haben sie dennoch häufig das Gefühl des Auserwähltseins. Die Suche nach Bestätigung, die den Entführten in die Hände der Hypnotiseure oder in eine Ufo-Gruppe treibt, entspricht der gegenseitigen Bestätigung, die sich die Gruppe nach dem nichterfolgten Weltuntergang gab. Und schließlich suchen auch Entführte stets nach „unabhängigen" Beweisen für ihr Erlebnis und setzen dabei die Schranken ebenso niedrig wie die Sekten.

Die Opfer versuchen zuerst, mit beeideten Aussagen und Lügendetektortests ihre Aufrichtigkeit zu belegen, dann nehmen sie Kontakt zu anderen Entführten auf. Und wie die Gruppe um Marian Keech in ihren Besuchern die Wächter erkannte, so beginnen die Entführten, in alltäglichen Ereignissen Ufos oder Poltergeister zu vermuten. Das ist für sie ein zusätzlicher Beweis für die Realität des Paranormalen. Die Entführten beginnen, Ufo-Sichtungen oder Bigfoot-Berichte zu untersuchen, nur um sich zu bestätigen, daß die offizielle Wissenschaft irrt.

Viele Entführte bilden gemeinsame Therapiegruppen, um über ihre Erlebnisse zu reden und sich die Gruppenunterstützung zu sichern. Viele werten als Beweis für die Realität ihrer Entführung, wenn ein „unbeteiligter" Ufo-Forscher an ihre Entführung glaubt (selbst der oftmals zynische John Keel[113] wurde von einem Kontaktler davon überzeugt, daß eine Katastrophe bevorstehe, und flüchtete mit einem Wasservorrat ins

Gebirge!). Doch die Ufo-Forscher brauchen ja selbst noch die Berechtigung für ihre Forschung und werten die Berichte der Entführten als solche.

Analog zu den Ergebnissen Festingers, Rieckens und Schachters kann man folgern, daß ein Entführungsopfer nicht nur einen unerschütterlichen Glauben an die Realität seiner Erfahrung braucht, sondern auch die Unterstützung durch Ufo-Forscher und andere Entführte, um weiterhin den Glauben an seine Kontakte aufrechtzuerhalten.

Anders als die Kontaktler, die auf engelartige Wesen treffen und ihre Erfahrung von Anfang an in religiöser Terminologie interpretieren, sammelten die Entführten, die von teilnahmslosen Raumfahrern verschleppt worden sind, keine Jünger um sich, sondern suchen nach einer rationalen Erklärung. Sie akzeptierten so nur allzu bereitwillig, was ihnen Ufo-Forscher als Interpretation ihrer Erfahrung vermitteln.

Ufo-Sekten folgen dem Muster, das schon bei auf Erscheinungen basierenden christlichen Sekten, etwa den Mormonen, festgestellt worden ist: Ein Prophet erhält von einer Erscheinung eine Botschaft und sammelt daraufhin Jünger um sich, die ihm auch gegen den Spott der Umwelt beistehen. Da die Vorhersagen des Propheten nicht eintreffen, werden sie uminterpretiert oder so ausgelegt, daß das Glaubenssystem überleben kann. Nach dem Tode des Gurus übernimmt einer der ursprünglichen Jünger die Leitung der Gruppe und institutionalisiert sie als Kirche.[114]

5. Die Bedeutung der CE IV-Erfahrung

Die Bedeutung des Ufo-Phänomens

Fortianische Phänomene haben die Eigenschaft, daß sie nur beobachtet, aber nie belegt werden können. Viele Erscheinungen können wie Träume interpretiert werden und geben auf diese Weise Auskunft über die Menschen, die sie sehen und die Gesellschaft, in der sie gesehen werden. Viele fortianische Phänomene sind komplementär – dem Menschen im Urzustand (Yeti) wird der Mensch der Zukunft (Ufonaut) gegenübergestellt, dem harmlosen Seeungeheuer (Nessie) das bösartige (der Krake). Während der Schneemensch das einfache Leben in der Natur symbolisiert, sind die immer wieder gemeldeten „entlaufenen Pumas" gefährlich und aggressiv – sie repräsentieren die feindlichen Aspekte der Wildnis.

All das sind uralte Symbole. C. G. Jung[1] nennt sie Mythologeme, „spezifische Inhalte und bildmäßige Zusammenhänge . . ., die sich in übereinstimmender Form nicht nur in allen Zeiten und Zonen, sondern auch in den individuellen Träumen, Phantasien, Visionen und Wahnideen finden".

Die Motive werden zeitgebunden interpretiert, bei diesen Deutungen ist eine Tendenz vom Abstrakten/Spirituellen hin zum Konkreten/Dinglichen feststellbar. Die Initiationserlebnisse der Schamanen werden heute als konkrete Raumfahrten erlebt, die Elementargeister von Erde und Wasser wurden zu semi-realen Reisen, und Drachen und werden heute als „unentdeckte Tierarten" gedeutet.[2]

Otto Billig[3] weist darauf hin, daß Kreise und Spiralen bereits seit der Jungsteinzeit ein Zeichen des Göttlichen waren und daß Ufo-Sichtungen heute analog dazu als Kontakte mit einer höheren Macht aufgefaßt werden. Versteht man das Ufo als symbolischen Mittler zwischen Irdischem und Überirdischem, dann werden die einzelnen Bestandteile des Ufo-Mythos deutbar. So tauchen seit den fünfziger Jahren immer wieder „Männer in Schwarz" auf, Menschen mit asiatischen Gesichtszügen in schwarzen Anzügen, die Ufo-Zeugen angeblich besuchen und bedrohen, um Beweise für die Existenz der Untertassen zu vernichten. Keiner dieser MIBs (vom Englischen „Men-In-Black") konnte je dingfest gemacht werden.[4] Der Volkskundler Peter M. Rojcewicz[5] hat nachgewiesen, daß die modernen Begegnungen mit den MIBs den Erzählmustern der historischen Teufelskontakte folgen. So übernehmen sie als moderne Inkarnation des Bösen die Aufgabe, Beweise für die Existenz des Ufos, der modernen, technologischen Version des Mandalas, des göttlichen Auges, zu vernichten.

Ein weiteres dualistisches Paar ist der Schneemensch und der Ufonaut. Sie symbolisieren den primitiven und den zukünftigen Menschen. Janet und Colin Bord[6] haben auf zahlreiche Berichte aus den USA hingewiesen, bei denen Bigfoot, der amerikanische Yeti, im Zusammenhang mit einer fliegenden Untertasse beobachtet worden sein soll. Paul Lester, Soziologe an der Universität Birmingham, interpretiert das so: „Auf diese Weise wird der außerirdische Besucher, dessen Intelligenz weit über der der Menschheit steht und der daher im Vergleich zu ihr ‚posthistorisch' ist, mit einem Wesen in Verbindung gebracht, das verglichen mit der heutigen Menschheit prähistorisch ist."[7] Die Lokalisierung drückt die Funktion der Erscheinungen aus: der Yeti in abgelegenen, unzugänglichen Regionen der Erde, der Ufonaut im allgegenwärtigen, lichtschnellen Raumschiff. In Berichten, in denen Yetis mit Raumschiffen in Verbindung gebracht werden, und in den Kontaktberichten, in denen tierartige Extraterrestrier auftauchen (etwa der „Kobold" bei der Day-Entführung), wird dieser Gegensatz wieder aufgehoben; Vergangenheit, Gegenwart und Zukunft finden auf kleinstem Raum gleichzeitig statt – ein weiteres traumartiges Element.

Für Clark und Coleman[8] drücken die gemeldeten Venusier und Humanoiden unsere zwiespältige Haltung der modernen Technologie gegenüber aus: „Die Ufo-Piloten, von denen wir durch zahlreiche Berichte erfuhren, waren ein seltsamer Hau-

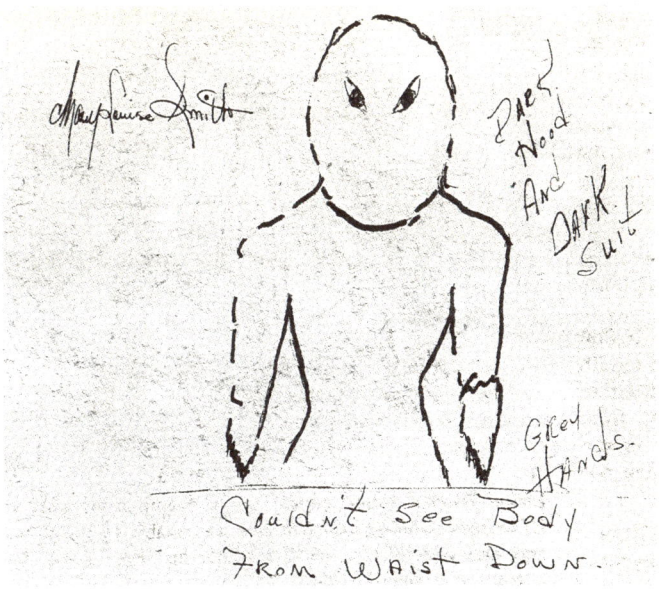

Abb. 20: Louise Smith zeichnete eines der Wesen, das sie während ihrer Entführung im Januar 1976 sah. Das Wesen war dunkel gekleidet, hatte graue Hände, sein unterer Teil war nicht zu sehen.

fen. Obwohl selbst im Besitz fortschrittlichster Technologie, warnten sie die Kontaktler stets davor, daß die Technologie ein zweischneidiges Schwert sei, das wir völlig falsch benutzten. Einige Ufonauten, besonders die zwitterhaften Venusier, schienen gleichermaßen Priester/Philosophen wie Wissenschaftler zu sein. Ein Kontaktler meinte: ‚Für mich ist ihre Religion und ihre Wissenschaft eins‘“.

Das waren die Wesen, die die Menschheit vor der Atombombe warnten. Auch Strieber wurde vor dem Ozonloch gewarnt. Doch im allgemeinen verhalten sich die Entführer ebenso teilnahmslos ihren Opfern gegenüber wie die Kobolde vor Hunderten von Jahren. „Andere Ufo-Besatzungen waren nicht so wohlwollend. Obwohl sie wie ihre freundlicheren Brüder über eine Art ‚überlegener Technologie‘ verfügten, waren sie immer noch primitive Wilde, grotesk, destruktiv und dumm. Andere wirkten wie Maschinen, seelen- und gefühllos, den Menschen, mit denen sie zu tun hatten, schienen sie gleichgültig gegenüberzustehen".[9]

An Bord der Ufos treffen die Entführten häufig auf Exemplare verschiedener Gattungen. Ein englischer Entführter traf auf einen bärtigen Propheten und metallische Zwerge (siehe Abb. 16).[10] Die Days begegneten in ihrem Ufo Kobolden und Übermenschen. Strieber wurde von unpersönlichen, insektenartigen Wesen entführt. Er vergleicht ihre Zivilisation mit einem Bienenstock und vermutet, die Ufonauten seien vor allem an dem für sie gefährlichen Phänomen der Individualität interessiert[11] – es sind die Massenmenschen der Zukunft.

Hinter diesen Vorstellungen stehen die Entfremdungsängste des modernen Menschen. Clark und Coleman[12] deuten die Venusier als Repräsentanten der positiven Aspekte der Technologie, die bösen Außerirdischen als Symbol der entmenschlichenden Aspekte des Fortschrittes: „Einerseits erkannte die Menschheit, daß ein gewaltiges Abenteuer – die Konfrontation mit dem Kosmos – auf sie wartete und daß diese Konfrontation durch die Entwicklung einer unglaublich komplizierten Technologie ermöglicht worden war. Aber diese konnte genausogut auch zur Aufstellung einer furchtbaren Ordnung führen, eines Regimes, in dem Menschen ihre gewalttätigsten Phantasien in einem bisher noch nie gekannten Maße ausleben konnten. Die Technologie könnte jede menschliche Regung zerstören und die Menschen zu Maschinen reduzieren, deren einzige Aufgabe es ist, andere Maschinen zu bedienen. Automaten, die ihre Fähigkeit zur Kommunikation mit ihren Mitmenschen verloren hätten."

Dieser Deutungsansatz läßt verstehen, warum in den letzten Jahren Sichtungen des Bigfoot in den USA zugenommen haben: Er verkörpert den „edlen Wilden", die Flucht vor der bedrohlichen Technologie.[13] Doch die Rückkehr zur Natur ist nicht einfach, der moderne Mensch kann dort ohne die Segnungen der Zivilisation nicht überleben. Und so nehmen mit den

Berichten über Bigfoot auch die Sichtungen riesiger schwarzer Raubkatzen in aller Welt zu. Diese „Pumas" sind fast immer aggressiv, greifen Haustiere an und töten sie aus reiner Mordgier. Brodu[14] stellt fest, daß Pumas in Europa vor allem in der Nähe populärer Ferienorte gesehen werden – dort, wo der Stadtmensch mit der Natur konfrontiert wird. Schon Lévi-Strauss[15] hat bemerkt, daß „Monster" immer an der Grenze zwischen Zivilisation und Wildnis erscheinen.

Die Analyse der Geschichte der Seeschlangenbeobachtungen verdeutlicht diese Interpretation. Im 19. Jahrhundert galt die Seeschlange als „die große Unbekannte". Sie lebte alleine im großen Ozean und verkörperte die Gefahren des Meeres.[16] Im 20. Jahrhundert tauchte sie dann in dem Binnensee Loch Ness auf, war domestiziert worden, erhielt einen Spitznamen, eben Nessie.[17] Ab etwa 1930 wurden weltweit verstärkt Seeungeheuer beobachtet, doch nicht mehr mitten im Meer wie zuvor, sondern in Buchten, Fjorden und Häfen. Auch diese Ungeheuer erhielten Spitznamen. Einer „Seeschlange", „Caddy" aus British Columbia, Kanada, wurde sogar das Weibchen „Amy" angedichtet, obwohl das nie gesehen worden war. Lester spricht davon, daß diese harmlosen Drachen „eine Einstellung zur Natur verkörpern, wie sie Walt Disney populär gemacht hat". Der Schrecken wird verniedlicht.

In den siebziger Jahren ging die Zahl der Beobachtungen im Loch Ness zurück, Sichtungen von Meeresungeheuern in Küstenorten nahmen gleichzeitig zu. Noch sind sie domestiziert, tragen Spitznamen („Barmy" in Barmouth, Wales, „Morgawr" in Cornwall, „Chessie" in der amerikanischen Chesapeake Bay), doch ihr Verhalten ist bedrohlicher geworden, sie kriechen an Land und tauchen in Verbindung mit Ufos und menschlichen Monstren auf.[18] Die domestizierte Seeschlange wird zunehmend unkontrollierbarer. Das bedeutet natürlich keinen Wandel im Verhalten bekannter bzw. unbekannter Tierarten, sondern reflektiert den Wandel, dem sich unser Naturbild unterzogen hat.[19]

In diesem Panorama fortianischer Erscheinungen nimmt das CE IV-Erlebnis eine zentrale Rolle ein. Es ist eine zutiefst per-

sönliche Erfahrung, zu deren Deutung Elemente des Ufo-Mythos verwendet werden. Die CE IV-Erfahrung bedient sich der
Motive des Ufo-Glaubens.

Das CE IV-Erlebnis als religiöse Erfahrung

Otto Billig[20] sieht in der Zunahme der Kontaktberichte und der
sich darum herum formenden Kulte Anzeichen für eine gesellschaftliche Krise: „Die psychologischen Mechanismen, die zu
diesen Begegnungen führen, reichen weit über die engen Manifestationen der fliegenden Untertassen hinaus. Sie zeigen, wie
alle derartigen Kulte, das Verlangen der Menschen nach starken
externen Kräften, die ihn durch das unüberschaubare moderne
Leben führen. Politische und religiöse Kulte, die ein tausend-
jähriges Friedensreich verheißen, liefern bei Aufgabe von Ge-
danken- und Handelsfreiheit Erlösung. Das Ungewöhnliche,
auch wenn es schrecklich ist, findet in Zeiten der Krise rascher
Akzeptanz als das Offensichtliche, das Rationale."

Die Ufologie, der Mythos von den Sternenbrüdern, der als
Interpretation vorerst ungeklärter Himmelserscheinungen zur
Zeit des kalten Krieges entstand, ist der Bezugsrahmen für die
religiöse Entführungserfahrung. Die Ufologie „mausert sich
schon sehr früh zur Science Fiction-Religion, die antritt, die
alten Religionen, vor allem das Christentum, im Geiste des
Raumfahrt-Zeitalters zu ‚reformieren'".[21]

Bertrand Méheust, Philosophieprofessor im französischen
Troyes, der vor allem den Zusammenhang zwischen Science
Fiction, Folklore und Ufologie untersucht hat, spricht davon,
daß es sich bei dem CE IV-Erlebnis um die „Resemantisierung"
eines religiös-mystischen Erlebnisses handelt, bei dem der
Mensch Kontakt zu jenseitigen bzw. übernatürlichen Wesen
herstellt.[22] Das eigentliche Kontakterlebnis ist seit Urzeiten un-
verändert, wird aber mit dem jeweils modernen Vokabular beschrieben.

Viele Zeugen interpretieren ihre Begegnung halb religiös,
halb technologisch. Devereux[23] berichtet von einer Lichter-

scheinung, die er aufgrund seiner katholischen Erziehung als Christus wahrnahm, eine Entführte verglich sich und den Spott, dem sie ausgesetzt war, mit der Versuchung Hiobs,[24] eine Ufo-Zeugin berichtete dem Forscher Schuessler,[25] sie habe ihr Ufo zuerst für die Wiederkehr Christi gehalten.

Auf die Ähnlichkeit zwischen Sagen, mystischen Erfahrungen, Erscheinungen und Ufos ist bereits mehrfach eingegangen worden. Méheust geht sogar so weit, daß er jedem Motiv der Initiationsmythen ein vergleichbares der CE IV-Erfahrung gegenüberstellt. Dem Ufo entspricht der Feuerball, der auf den Seher herabschwebt. Der Aufenthalt im Raumschiff entspricht dem Eingeschlossensein in einer Höhle bei den Initiationsriten. Die medizinische Untersuchung im Ufo entspricht der rituellen schamanistischen Operation, der Raumflug zu anderen Planeten der Astralreise und Nahtoderfahrung. Die Stigmata der Heiligen[26] finden ihre Entsprechung nicht nur in den Hexenmalen, sondern auch in den Narben der Entführten. Strieber deutete seine dreieckige Operationsnarbe selbst als Symbol einer mystischen Triade.[27] Der okkulten Macht, die der Schamane nach seiner Initiationsreise im Astralleib besitzt, entsprechen die von den Entführten nach ihrer Begegnung erworbenen Psi-Kräfte.[28]

Auch die soziale Rolle, die der Entführte in der Ufo-Welt einnimmt, läßt sich mit der des Sehers oder Schamanen vergleichen. Entführungsopfer sind von den Außerirdischen auserwählt und werden oft das ganze Leben hindurch immer wieder kontaktiert. Sie geben ihre Botschaft an die Welt weiter, finden Anerkennung jedoch nur unter denen, die ohnehin schon an die Sternenbrüder glauben. Während sie bei den Ufo-Gläubigen zu Prestigepersonen aufsteigen, werden sie von der Außenwelt verspottet. Der Entführte beharrt auf seiner Aufrichtigkeit, der Glaube an seine Ehrlichkeit stärkt und bindet die Gruppe der Gläubigen.

So gleicht die Funktion des Entführten der des Schamanen oder Seherkindes. Er vermittelt zwischen Überirdischem und Irdischem. Er zieht Bewunderung auf sich und erträgt stoisch den Spott der Ungläubigen. Doch während hinter dem Schamanen die ganze Gemeinschaft und hinter dem Seherkind die gesamte Konfession steht, findet der Entführte einzig bei den Ufo-Fanatikern Gehör, die selbst nur eine Randgruppe der Gesellschaft darstellen. Das scheint sich allmählich zu ändern, denn eine New Yorker Entführte berichtet, sie werde in Intellektuellenkreisen wegen ihrer Erfahrung wie eine Heilige behandelt.[29]

So fehlt dem Entführten vor allem die Unterstützung seiner Mitmenschen – ein Problem, das der Seher nicht kennt. Es scheint, daß nur Seher in sehr puritanisch-protestantischer Umgebung unter einer ähnlichen Intoleranz leiden müssen, wie der Fall des Lynchmordes an dem Gründer der Mormonenkirche, Joseph Smith, zeigt.[30]

Die Entführung ist nur eine von vielen visionären Erfahrungen, allerdings ist sie auch die in ihrer Interpretation eingeschränkteste Form. Da die Opfer glauben, von realen Raumschiffbesatzungen untersucht worden zu sein, erschließt sich ihnen die tiefere Bedeutung ihres Erlebnisses nicht. Zudem können Skeptiker die Realität der Erfahrung einfach mit der Forderung nach materiellen Beweisen vom Tisch wischen. Marienerscheinungen wurden nie eindimensional physikalisch interpretiert, kaum ein Wissenschaftler würde es wagen, die Seher mit Spott und Ironie abzukanzeln. Weil unsere Gesellschaft verlernt hat, religiös-visionäre Erfahrung in ihr Weltbild zu integrieren, muß es zwangsläufig zu Konflikten zwischen dem Entführten und seiner Alltagsumgebung kommen.

Diese strenge Abweisung liegt wohl in der simplizistischen Interpretation des Erlebten als reales Ereignis begründet. Kein Physiker muß nachweisen, daß eine leiblich in den Himmel aufgenommene Mutter Gottes nicht auf einer Wolke zur Erde schweben kann, um auf die subjektive Natur dieser Erfahrung aufmerksam zu machen.

Ähnlich liegt der Fall bei Nahtoderlebnissen und außerkörperlichen Erfahrungen. Obwohl auch sie häufig stark interpretiert berichtet werden (im Sinne der jeweiligen Religion des Wahrnehmers), bestreitet kaum jemand ihre subjektive Natur oder den Nutzen ihrer wissenschaftlichen Erforschung. Die

Medizinerin Susan Blackmore,[31] die Nahtoderfahrungen untersucht hat, denkt, daß sie konventionell medizinisch erklärt werden können. Was aber wirklich von Bedeutung sei, sei die psychologische Wirkung der Erfahrung, es handle sich um „lebensverwandelnde und wichtige Halluzinationen". Der Vergleich mit den einschneidenden Erlebnissen der Entführten liegt auf der Hand.

Die Vielzahl der religiösen Erfahrungen hat der amerikanische Philosoph William James (1842–1910) in seinem wichtigsten Werk, „The Variety of Religious Experience" („Die Vielfalt religiöser Erfahrungen", 1929), besprochen. Konversionserlebnisse werden nach James[32] häufig von Leuchterscheinungen begleitet, die entsprechend der Konfession des Wahrnehmers interpretiert werden.

Neben dieser konkret erlebten transzendenten Erfahrung hat der Post-Freudianer Abraham Maslow das Konzept der „peak experience", der Grenzerfahrung, in die Diskussion gebracht. Es handelt sich dabei um eine vage Form des religiösen Empfindens, „Momente großer Ergriffenheit, Augenblicke des intensivsten Glückes, sogar Benommenheit und Ekstase".[33] Maslow[34] schreibt: „Offensichtlich ist die akute mystische oder Grenzerfahrung eine ungeheure Intensivierung aller Erfahrungen, in denen es einen Ich-Verlust oder eine Ich-Transzendenz gibt". Er plädiert dafür, „diese Erfahrung von jedem theologischen oder übernatürlichen" Bezug zu lösen und dann wissenschaftlich zu untersuchen. Was jedoch bei Nahtoderfahrungen und „akuten mystischen Erfahrungen" möglich ist, scheint bei den CE IV-Erlebnissen unmöglich.

Die Grenzerfahrung, diese sekundenlange Einsicht in Sinn und Ordnung des Lebens, hat Maslow vor allem bei gesunden, tüchtigen Menschen vorgefunden. Er hält sie für wichtig und heilsam und versucht, Methoden zu entwickeln, durch die Grenzerfahrungen nach Wunsch erlebt werden können.

Der britische Biologe Hardy[35] zitiert eine Umfrage, nach der 62 Prozent der befragten Briten bereits Grenzerfahrungen erlebt hatten, davon drückten sich 41 Prozent in traditionell-religiöser Terminologie aus. Es handle sich um eine abstrakte Er fahrung, „weit entfernt vom Klischee der Vision à la ‚Saulus auf dem Weg nach Damaskus‘". Aber eben dieses spontane, bildhafte transzendente Erlebnis der Entführung läßt sich nicht so einfach mit wissenschaftlicher Terminologie beschreiben und bleibt daher weiterhin tabuisiert.

Religiöse Erfahrungen in der säkularisierten Welt

Wir leben in einer säkularisierten, entmythologisierten Gesellschaft. Sakrale und magische Handlungen sind bis zur Unkenntlichkeit trivialisiert worden. Jung spricht daher auch vom „Heiligen in der Verkleidung".[36] Die westliche Gesellschaft ist die erste Zivilisation, die ohne Bezug auf ein zentrales Heiliges geschaffen wurde.

Der Soziologe Peter L. Berger[37] meint dazu: „Wahrscheinlich zum ersten Mal in der Geschichte sind die religiösen Legitimierungen der Welt nicht mehr plausibel – und das nicht nur für eine Handvoll Intellektueller, sondern für große Teile der gesamten Gesellschaft. Das hat nicht nur die Institutionen, sondern auch das persönliche Leben jedes einzelnen in eine Krise gestürzt. In anderen Worten: Es stellt sich das Problem des ‚Sinn und Zweckes‘ der Alltagsroutine." Die Notwendigkeit der Sinnfindung äußert sich spontan in den Entführungsberichten. Jung[38] spricht davon, daß die Ufo-„Epidemie in einem kompensatorischen Gegensatz zu unserer naturwissenschaftlichen Weltanschauung steht".

In einer säkularisierten, industrialisierten Gesellschaft muß die visionäre Erfahrung im Gewand der technischen Sage auftreten (Entführung durch Außerirdische), so wie sie im Mittelalter im ländlichen Gewand der Koboldbegegnung erlebt wurde und in der von Religionskriegen erschütterten frühen Neuzeit als teuflische Anfechtung von Hexen.[39] Das bedeutet, daß diese Erfahrung jeweils in der Terminologie der betreffenden Zeit berichtet und dem herrschenden Weltbild angeglichen wurde.[40]

In seinem Aufsatz „UFO Abductions as Religious Folklore" (Ufo-Entführungen als religiöse Sage, 1987) erklärte Méheust, warum Ufo-Entführungen so umstritten sind. Das liege daran, daß sie spontan, nicht wie früher nach langem Initiationstraining, erlebt werden und daher nicht richtig verarbeitet werden können. Daher sei der Ufo-Zeuge unfähig, die fremde Welt, die sich vor ihm auftut, zu erschließen und zu seinem Vorteil zu nutzen. Dazu kommt, daß die Gesellschaft den Wahrnehmer auf seinem Weg nicht mehr länger unterstütze: „Die Entführung durch Ufos wird heute nicht mehr als religiöse Erfahrung begriffen und als solche autorisiert, sie wird nur als Mythos des Raumfahrtzeitalters toleriert. Nur Verrückte nehmen sie ernst. Sie ist zu einer illegitimen Erfahrung geworden."

In der modernen Gesellschaft ist das erlebbare Heilige so weit vom Alltäglichen entfernt, daß sowohl das Opfer der Entführung wie auch seine Umwelt offenbar nur eine platte technologische Interpretation des Erlebten verstehen können (es drängt sich der Vergleich zu Dänikens Methode der Mytheninterpretation als Reportagen über vergessene Technologie auf). Niemand hilft dem Zeugen, seine Erlebnisse zu verstehen. Das verbissene Festhalten der Ufo-Gläubigen am außerirdischen Experiment als Erklärung macht es den Kritikern und Spöttern einfach, das Erlebte als irrelevant zu ignorieren. Peter Berger[41] spricht von „der Unfähigkeit des modernen Menschen, mythologisch zu denken". Der plötzliche Einbruch der fremden Welt der Visionen in die entmythologisierte Welt läßt Zeugen und Gesellschaft hilflos zurück.

Diese Hilflosigkeit ist bei Marienerscheinungen kaum festzustellen. Das Seherkind steht im Mittelpunkt des Interesses, wird (manchmal) von erwachsenen Autoritätspersonen ernstgenommen und in seiner Mittlerrolle bestärkt. Die Erscheinungen kehren in regelmäßigen Abständen zurück, die zusammenströmende Menge der Gläubigen gibt dem Seher Kraft und Sicherheit. Er lernt, mit seiner Erfahrung umzugehen. Viele Seherkinder hatten am Anfang ihres Kontaktes nur ein geringes Interesse an Religion, erhielten aber durch ihre Kontakte einen festen Platz in der religiösen Gemeinschaft, ein hoher Prozentsatz trat später in ein Kloster ein oder übernahm geistliche Aufgaben.[42]

Diese Art der Bestätigung und langsamen Initiation, wie auch das feste Weltbild, vor dessen Hintergrund die Erfahrung mit Gewinn interpretiert werden kann, fehlen dem Enführten. Seine gewohnte Welt geht in Trümmer, ohne daß sich ihm eine vergleichbar wichtige neue erschließt. Daher ist die Konversion der Entführten, auch wenn sie einen tiefgreifenden Einschnitt in ihrem Leben darstellt, für die Opfer selten von dauerndem Wert. In ihrer Unfähigkeit, mit der Entführung zurechtzukommen, wenden sie sich an Randgruppen, die aus gleichfalls orientierungslosen Menschen bestehen.

In gewissem Sinne ist die Entführungsdebatte mit den Diskussionen um die Legitimität halluzinogener Drogen in den sechziger Jahren vergleichbar. Damals wie heute ging die Debatte zwischen jubelnden, unkritischen Verfechtern und rechthaberischen Ablehnern an dem Thema, dem Einbruch irrationaler Erfahrungen in die wohlgeordnete, rationale Welt, vorbei; damals wie heute kann weder von einer sachlichen Diskussion noch von sachlichen Argumenten die Rede sein. Die pauschale Abqualifizierung aller CE IV-Berichte als Märchen, Lügen und Halluzinationen geistig labiler Menschen zeugt von der gleichen Hilflosigkeit wie die Verteufelung halluzinogener Drogen und ein generelles Forschungsverbot.[43]

Die Suche nach transzendenter Erfahrung sieht Peter Berger[44] als Resultat der Säkularisierung: „Der heutige Mensch ist sehr allein in der Welt, das ist eine Folge des Verschwindens und Verneinens religiöser Erfahrungen ... Die Geschichte der Säkularisierung ist die Geschichte des Ersetzens und Wiederauftauchens heiliger Symbole ... Das Heilige hat von übernatürlichen auf profane Bezugspunkte gewechselt ... Aber es gab auch immer gewaltsame Revolten gegen die Säkularität der modernen Welt".

Jung war ähnlicher Ansicht. Für ihn stellte die Ankunft der „fliegenden Untertassen" eine Rückkehr verdrängter Symbole des kollektiven Unbewußten in das Leben des modernen Westens dar.[45] Der Autor Sergius Golowin[45] nennt die Außerirdischen die „Götter der Atomzeit".

Méheust[47] spricht davon, daß sich die Grenzen des Heiligen ständig verschieben. So könne heute die medizinische Untersuchung an Bord einer fliegenden Untertasse die Funktion des heiligen Handauflegens oder der Verstümmelung vor der Wiedergeburt des Schamanen übernehmen. „Es ist interessant zu sehen", schreibt Berger,[48] „wie diese Remythologisierungen sich den Anschein der ‚Wissenschaftlichkeit‘ geben."

Berichte über Ufo-Kontakte sind Märchen, durch die der Entführte mit der Gesellschaft kommuniziert. Doch während Kinder Märchen intuitiv begreifen und die wichtigen darin verschlüsselten Informationen verwerten können, stellen Ufo-Geschichten für unsere Gesellschaft einen Fremdkörper dar. Mit der Physik wird man das Problem, warum solche Berichte so sprunghaft auftauchen, nicht lösen können; und es ist nur zu verständlich, daß die Naturwissenschaft nach der erfolgreichen Verdrängung des Mythos aus ihrer Domäne so aggressiv auf diesen Einbruch des Irrationalen in ihre exakte, geregelte Welt reagiert.

Daß aber der starke Wunsch nach einer Überwindung dieser säkularisierten, entmythologisierten Welt besteht, das zeigen nicht nur die Ufo-Sichtungen, sondern auch der erneute Ausbruch des Okkultismus, die Erfolge des New Age, die Bestseller sensationalistischer Autoren und der Eifer, mit dem an diese neue Kulte geglaubt wird, weil schließlich etwas geglaubt werden muß.

Nachwort

Als weiterführende Literatur über Ufos und andere fortianische Phänomene empfehlen sich die zahlreichen, im Literaturverzeichnis aufgeführten spezialisierten Werke. Aktuelle Informationen sind in den folgenden Fachzeitschriften zu finden. Diese Magazine werden oft unter großem persönlichen Einsatz ihrer Redakteure herausgegeben und enthalten häufig Material, das erst Jahre später in Büchern oder kommerziellen Zeitschriften auftaucht.

CENAP Report
Werner Walter
Eisenacher Weg 16
D-6800 Mannheim 31

Journal für UFO-Forschung
Postfach 2361
D-5880 Lüdenscheid

SIGN
Luc Bürgin
Margarethenstr. 75
CH-4053 Basel

Die fortianischen Magazine, die in Großbritannien und den USA veröffentlicht werden, besprechen neben Ufo-Sichtungen auch zahlreiche weitere Phänomene und enthalten oft sehr interessante Berichte und Schlußfolgerungen. Das wichtigste derartige Magazin ist die britische

Fortean Times
20 Paul Street
Frome
GB-Somerset BA 11 1 DX

In Großbritannien wird auch das führende Earth Mysteries-Magazin veröffentlicht:

The Ley Hunter
Box 92
GB-Penzance/Cornwall TR 18 2 XL

In den USA werden mehrere wichtige fortianische Zeitschriften publiziert, darunter

Strange
P.O. Box 2246
USA-Rockville MD 20847

INFO Journal
P.O. Box 367
USA-Arlington VA 22210-0367

Pursuit
P.O. Box 265
USA-Little Silver NJ 07739-0265

Besonderen Dank schulde ich den Forscherkollegen, die mit mir einige der in diesem Buch geäußerten Gedanken diskutiert haben oder mir die Möglichkeit gaben, Aufsätze dazu in ihren Magazinen zu veröffentlichen, ganz besonders Janet und Colin Bord, Peter Costello, H. W. Peiniger, Robert Rickard, Werner Walter und Bob Warth.

Literaturverzeichnis

Adamski, George (1955): Inside the Spaceships. London: Abelard-Shuman

Agricola, Christiane, Hrsg. (1967): Schottische Sagen. Berlin: E. Schmidt

Alvey, R. Gerald (1981): Elf, Elfen, in: *Rank*, Kurt, Hrsg.: Enzyklopädie des Märchens. Berlin: Walter de Gruyter

Baghun, Anny (1982): Deutscher Ingenieur besuchte einen anderen Planeten, in: UFO-Nachrichten 277, Nov./Dez. 1982

Bauer, Henry (1986): The Enigma of Loch Ness. Chicago: University of Illinois Press

Bauer, Wolfgang und *Dümotz*, Irmtraut (1985): Symbole des Alltags, in: *Bauer*, W., *Dümotz*, I. und *Golowin*, S.: Lexikon der Symbole. Wiesbaden: Fourier

Beer, Lionel (1986): The Moving Statue of Ballinspittle and Related Phenomena. London: Spacelink

Berger, Peter L. (1969): The Sacred Canopy. Garden City: Doubleday

Berger, Peter L. (1979): The Heretical Imperative. Garden City: Doubleday

Bergier, Jacques (1980): Extrañas luces en las colonias americanas de S. M. Británica en el siglo XVII, in: *Bergier*, Jacques, Hrsg.: El libro de lo inexplicable. Barcelona: Plaza y Janés: 93–97

Berlitz, Charles (1977): Without A Trace. New York: Ballantine Books

Billig, Otto (1982): Flying Saucers – Magic in the Skies – A Psychohistory. Cambridge, Mass.: Schenkman

Blackmore, Dr. Susan (1988): Visions of the Dying Brain, in: New Scientist, 118, 1611, 5. 5. 1988: 43–46

Bonin, Werner F. (1981): Lexikon der Parapsychologie. Frankfurt: Fischer

Bord, Colin (1972): Angeles and UFOs, in: Flying Saucer Review, 18, 5, 1972: 17–19

Bord, Colin (1980): Whale Tales, in: Fortean Times 33: 2

Bord, J. und C. (1982): The Bigfoot Casebook. Harrisburg: Stackpole Books

Bord, J. und C. (1984): The Evidence for Bigfoot. Wellingborough: Aquarian Press

Bord, J. und C. (1985): Alien Animals. London: Granada

Bord, J. und C. (1988): Modern Mysteries of Britain. London: Grafton Books

Bord, J. und C. (1990): Geheimnisse des 20. Jahrhunderts. Bayreuth: Hestia

Bowen, Charles (1974): The Humanoids. London: Futura

Brednich, R. W. (1990): Die Spinne in der Yucca-Palme. München: C. H. Beck

Brodu, J.-L. und *Meurger*, M. (1984): Les felins-mystère – Sur les traces d'un mythe moderne. Paris: Pogonip

Buckner, H. Taylor (1968): The Flying Saucerians – An Open Door Cult, in: *Truzzi*, Hrsg.: 223–230

Buttlar, J. v. (1989): Ufos über Deutschland, in: Bild, 26. 4. 89

Butler, B., *Street*, D. und *Randles*, J. (1986): Sky Crash. London: Grafton

Cantril, H. (1966): The Invasion From Mars – A Study in the Psychology of Panic. New York: Harper

Cashman, John (1967): LSD – die „Wunderdroge". Berlin: Ullstein

Catton, William R. (1968): What Kind of People Does A Religious Cult Attract? – in: *Truzzi*, Hrsg.: 235–242

Charroux, Robert (1966): Phantastische Vergangenheit. Die Unbekannte Geschichte der Menschheit seit hunderttausend Jahren. Berlin: Herbig

Chapman, Douglas (1987): The Abduction Enigma, in: Strange, 1, 10–18, 74–77

Clark, J. und *Coleman*, L. (1975): The Unidentified. New York: Warner

Clark, J. und *Coleman*, L. (1984): Creatures of the Goblin World. Highland Park, Illinois: Clark

Condon, Dr. E. (1969): Scientific Study of Unidentified Flying Objects. New York: Bantam

Cox, Billy (1987): Bizarre Tales, Accusations Fly at UFO Symposium, in: Pursuit, 20, 2: 54

Cressy, David (1985): The Vast and Furious Ocean: The Passage to Puritan New England, in: New England Quarterly, 57, 1985: 511–532

Däniken, Erich v. (1975): Erinnerungen an die Zukunft. München: Knaur

Dash, Mike (1987): Medjugorje Apparitions, in: Fortean Times 48: 9–13

Dash, Mike (1988): Charles Fort und a Man Called Dreiser, in: Fortean Times 51: 40–48

Davis, Lorraine (1988): A Comparison of UFO and Near-Death Experiences as Vehicles for the Evolution of Human Consciousness, in: Journal of Near-Death-Studies, 6, 4: 240–257

Demos, John Putnam (1983): Entertaining Satan – Witchcraft and the Culture of Early New England. Oxford: OUP

Devereux, Paul (1982): Earthlights. Wellingborough: Turnstone

Devereux, Paul (1986): Looking Ahead, in: The Ley Hunter 100: 57–58

Devereux, Paul (1988): Ufological Pie, in: BUFORA Bulletin 27: 4–8

Devereux, Paul (1990): Earth Lights Revelation. London: Blandford

Döbel, Günter (1966): Der Mensch lebt nicht allein im All. Köln: DuMont

Eco, Umberto (1988): Il pendolo di Foucault. Bologna: Romanzo Bompiani

Evans, Hilary (1980): Abducted by an Archetype, in: Fortean Times 33: 6–10

Evans, Hilary (1987a): Abductions in Perspective, in: Pursuit 20, 1: 9–11

Evans, Hilary (1987b): El desafío de los relatos de abducción, in: Cuadernos de Ufología, 2, 1: 68–76

Evans, Hilary, Hrsg. (1987): UFOs 1947–1987. London: Fortean Tomes

Evans, Hilary (1988): Beweise: UFOs. München: Knaur

Festinger, L., *Riecken,* H. und *Schachter,* S. (1956): When Prophecy Fails. Minneapolis: University of Minnesota Press

Fort, Charles (1974): The Complete Books. New York: Dover

Friedrich, Otto (1989): The return of Ecomania, in: Time, 6. 3. 1989: 2–6

Fuller, John G. (1966): The Interrupted Journey. New York: Dial Press

Fiore, Edith (1989): Encounters. New York: Doubleday

Gansberg, J. M. und A. L. (1989): Direct Encounters. Sevenoaks: Coronet

Giesen, Rolf (1984): Lexikon des Phantastischen Films, Band 1. Berlin: Ullstein

Golowin, Sergius (1967): Götter der Atom-Zeit. Bern: Francke

González, Luis R. (1981): El carácter „mimético" de los OVNI, in: Stendek 43: 18–19

Good, Timothy (1991): Jenseits von Top Secret. Das geheime Ufo-Wissen der Regierungen. Eine Dokumentation. Frankfurt: Zweitausendeins

Gordon, Stan (1987): The Military Retrieval at Kecksburg, Pennsylvania, in: Pursuit, 20, 4: 174–179

Groote, Rudy de (1985): Die Hill-Entführung, in: CENAP Report 116: 29–32

Hall, D. F., *McFeathers,* S. J. and *Loftus,* E. (1987): Alterations in Recollections of Unusual und Unexpected Events, in: Journal of Scientific Exploration 1

Hall, Richard (1988): Uninvited Guests. Santa Fé, NM: Aurora Press

Hardy, Alister 1981): The Spiritual Nature of Man, in: Fortean Times 34: 48–49

Holzer, Hans (1979): Cuando los OVNIS aterrizan. Barcelona: Martinez Roca

Hopkins, Budd (1982): Von UFOs entführt. München: Heyne

Hopkins, Budd (1987): Intruders. New York: Random House

Hutten, Kurt (1982): Seher-Grübler-Enthusiasten. Stuttgart: Quell

Hynek, J. Allen (1974): The UFO Experience. London: Corgi

Hynek, J. Allen (1978): UFO Report. München: Goldmann

Jacobs, David M. (1987): The New Era of UFO Research, in: Pursuit, 20, 2: 50–54

Jaffé, Aniela, Hrsg. (1971): Erinnerungen, Träume, Gedanken von C. G. Jung. Freiburg: Walter

James, William (1929): Varieties of Religions Experience. New York: The Modern Library

Jung, C. G. (1958): Ein moderner Mythus. Zürich: Rascher

Jung, C. G. (1971): Über psychische Energetik und das Wesen der Träume. Freiburg: Walter

Jung, C. G. (1981): Über ‚Flying Saucers', in: Gesammelte Werke, Band 18. Olten: Walter: 671–679

Kaplan, Louis (1991): Witzenschaftliche Weltbetrachtungen. Das verdammte Universum des Charles Fort. Berlin: Gatza

Keel, J. A. (1970): Strange Creatures From Time and Space. Greenwich, Conn.: Fawcett

Keel, J. A. (1973): Operation Trojan Horse. London: Abacus

Keel, J. A. (1975): The Mothman Prophecies. New York: New American Library

Keel, J. A. (1983 a): The Mutilated Horse, in: Fortean Times 40: 3, 70

Keel, J. A. (1983 b): The Man Who Invented Flying Saucers, in: Fortean Times 41: 52–57

Klass, Philip (1987): Abductions – Dangerous Game. New York: Prometheus

Knight, Damon (1970): Charles Fort – Prophet of the Unexplained. New York: Doubleday

Köhler, Hansjürgen (1983): Eliteskandal, in: CENAP Report 113, Juli 1983: 3–10

Koestler, Arthur (1945): Twilight Bar. London: Cape

Konig, D. Th. (1979): Law and Society in Puritan Massachusetts. Chapel Hill: University of North Carolina

Kusche, Lawrence (1980): Die Rätsel des Bermuda-Dreiecks sind gelöst. Reinbeck: Rowohlt

Larkman, Brian und *Heselton*, Philip (1985): Earth Mysteries. An Introduction. Hull: Northern Earth Mysteries Group

Lawson, Alvin H. (1984): Birth Imagery in UFO Abductions, in: Fortean Times 42: 3

Leslie, Desmond and *Adamski*, Georgei (1957): Fliegende Untertassen sind gelandet. Wiesbaden-Schierstein: Ventla

Lester, Paul und *Grimshaw*, Roger (1976): The Meaning of the Loch Ness Monster. Birmingham: Centre for Contemporary Studies

Lester, Paul (1984): The Great Sea Serpent Controversy. Birmingham: Protean Pubs

Lester, Paul (1985): Some Hairy Monsters. Birmingham: Protean Pubs

Lévi-Strauss, Claude (1968): The Savage Mind. Chicago: University of Chicago Press

Liljegren, Anders (1986): The „Ghost Rocket“ Documents, in: Flying Saucer Review, 32, 1: 19–24

Lorenzen, Coral (1974): UFO Occupants in United States Reports, in: Bowen 1974: 143–176

Magin, Ulrich (1990): Abducciones en Alemania, in: Cuadernos de Ufología, 2, 7: 75–77

Maslow, Abraham (1977): Motivation und Persönlichkeit. Freiburg: Walter

Mayor, Rosalía (1990): Qué hay más allá de la muerte, a debate en Madrid, in: ABC, Madrid, 2. 12. 1990: 106–107

McClure, Kevin (1987): Erscheinungen der Jungfrau Maria. München: Knaur

McManus, D. A. (1959): The Middle Kingdom. London: Max Parish

Méheust, Bertrand (1987): UFO Abductions as Religious Folklore, in: Evans, Hrsg. (1987): 352–357

Meurger, Michel und *Gagnon,* Claude (1988): Lake Monster Traditions – A Cross-Cultural Study. London: Fortean Tomes

Michel, Aime (1958): Flying Saucers and the Strait Line Mystery. New York: Criterion Books

Michell, John (1969): The View Over Atlantis. London: Thames & Hudson

Michell, John (1983): The Exposure of a Philosopher, in: Fortean Times 41: 6–7

Michell, John (1986): Die Geomantie von Atlantis. München: Goldmann

Michell, J. und *Rickard,* R. (1979): Die Welt steckt voller Wunder. München: Econ

Michell, J. und *Richard,* R. (1980): Das rechnende Pferd von Elberfeld. München: Econ

Middlekauf, Robert (1971): The Mathers. London. OUP

Miller, D. L., *Mietus,* K. J. und *Mathers,* R. A. (1978): A critical examination of the social contagion image of collective behaviour, in: The Sociological Quarterly, Winter 1978

Moody, R. A. (1975): Life After Life: The Investigation of a Phenomenon. New York. Bantam

Moody, R. A. (1977): Reflections on Life After Life. New York: Bantam

Morrison, Samuel Eliot (o. J.): Christopher Columbus. London: OUP

Norman, Philip (1984): The Rolling Stones. München: Droemer Knaur

Peiniger, H.-W. (1987): Die Hill-Entführung, in: Journal für UFO-Forschung 54: 167–173

Peiniger, H.-W. (1990): Buchbesprechung Ed Walters, in: Journal für UFO-Forschung 70: 124–126

Pennick, Nigel (1987): Einst war uns die Erde heilig. Zürich: F. Hüber

Persinger, Michael (1983): Predicting Contemporary UFO Reports in Great Britain from Charles Fort's Data, in: Fortean Times 41: 58–65

Persinger, Michael (1984): Earthquakes and Space-Time Transients, in: Fortean Times 42: 50–54

Randles, Jenny (1983): The Pennine UFO Mystery. London: Granada

Randles, Jenny (1988): Communion Commentary, in: Strange 2: 4–5

Rhine, Mark E. (1969): Psychological Aspects of UFO Reports, in: CONDON 1969: 590–598

Ribera, Antonio (1981): Secuestrados por extraterrestres. Barcelona: Planeta

Ribera, Antonio (1984): Galería de condenados. Barcelona: Planeta

Ribera, Antonio (1987a): Los doce triángulos de la muerte. Barcelona: Plaza y Janés

Ribera, Antonio (1987b): Abducciones en la Peninsula, in: Cuadernos de Ufología, 2, 1: 46–57

Rickard, R. (1985): The Moving Statues of Ireland, in: Fortean Times 45: 30–33

Rickard, R. (1987a): What „Lake Monster Traditions" Means to Me, in: Fortean Times 49: 61–67

Rickard, R. (1987b): Close Encounters With Death, in: Fortean Times 49: 68–70

Robertson, R. McDonald (1977): Selected Highland Folktales. London: David & Charles

Rojcewicz, Peter M. (1987): The „Men in Black" Experience and Tradition, in: Pursuit, 20, 2: 72–77

Rutkowski, Chris (1987): UFOs as Natural Phenomena, in: *Evans*, Hrsg: 273–276

Sachs, Margaret (1980): The UFO Encyclopedia. New York: Perigee

Schatt, Stanley (1976): Kurt Vonnegut. Boston, Mass.: Twayne Publishers

Schoenherr, Luis (1984): Percipient-Dependent Component in the UFO Experience, in: Pursuit 67: 98–127

Schuessler, John F. (1981): Cash-Landrum Radiation Case, in: Mufon UFO Journal 165: 3–6

Seesslen, G. (1980): Kino des Utopischen. Reinbeck: Rowohlt

Smith, Joseph (o.J.): Wie das Buch Mormon hervorkam, in: Das Buch Mormon. o.O.: Kirche Jesu Christi der Heiligen der Letzten Tage: v–viii

Smith, Willy (1987): UFOs in Latin America, in: *Evans*, Hrsg.: 97–113

Spencer, John (1985): Hypnose die Lösung? in: CENAP Report 117: 24-30

Spiegel (1985): Der Junge spinnt. Nr. 44, 28. Oktober 1985: 214

Spielberg, Steven (1979): Unheimliche Begegnung der dritten Art. München: Goldmann

Starkey, Marion L. (1949): The Devil in Massachusetts. New York: Alfred Knopf

Steward, James R. (1983): Sasquatch Sightings in South Dakota: An Analysis of an Episode of Collective Delusion. Kansas City, Missouri: Midwest Sociological Society

Stillings, Dennis (1987): Comment on Abductions, in: Pursuit, 20, 2: 88

Strieber, Whitley (1987): Communion. New York: Avon

Strieber, Whitley (1988): Transformation – The Breakthrough. New York: William Morrow

Stringfield, Leonard (1987): The case for proof in a squirrel's cage, in: *Evans*, Hrsg.: 145–155

Thomas, Keith (1982): Religion and the Decline of Magic. Harmondsworth: Penguin

Truzzi, Marcello, Hrsg. (1968): Sociology and Everyday Life. Englewood Cliffs: Prentice Hall

Vallee, Jacques (1965): Passport to Magonia. Chicago: Regnery

Vallee, Jacques (1974): The Pattern Behind the UFO Landings, in: *Bowen*, Hrsg.: 27–67

Vallee, Jacques (1988): Letter to the Editor, in: Magonia 31: 15–16

Vallee, Jacques (1989): Dimensions – A Casebook of Alien Contact. Chicago: Contemporary Books

Verne, Jules (1886): Robur le Conquerant. Paris: Hetzel

Vincente, Enrique de (1987): Lo absurdo se hizo Ovni, in: Cuadernos de Ufología, 2, 1: 33–45

Vita-Finzi, Claudio (1989): Omnivorous fantasy, in: Times Literary Supplement, March 3–9: 225

Vonnegut, Kurt (1969): Slaughterhouse Five. New York: Dell

Vonnegut, Kurt (1985): Galápagos. New York: Delacorte Press

Walsh, Michael (1988): The Opera as SF – Philip Glass turns into psychodrama, part Freud, part Kafka, in: Time, 1. 8. 1988: 43

Walter, Werner (1988): Spacenapping, in: CENAP Report 149: 9–22

Walton, Travis (1978): The Walton Experience. New York: Berkley

Watkins, Alfred (1925): The Old Strait Track. London: Methuen

Watson, Nigel (1985): Things in the Air, in: Fortean Times 44: 42–43

Watson, Nigel (1987a): Blasted Rumours, in: Fortean Times 49: 51–52

Watson, Nigel (1987b): Before the Flying Saucers Came, in: *Evans,* Hrsg.: 26–31

Watson, Nigel (1988): Physical Trigger/Psychic Response, in: *Spencer,* John und *Evans,* Hilary, Hrsg.: Phenomenon. London: Futura 338–342

Wedd, Tony (1961): Skyways and Landmarks. Kingston-upon-Hill

Westrum, Ron (1983): The Sociology of Hidden Events, in: Fortean Times 41: 34–35

Wilson, Colin (1973): New Pathways in Psychology – Maslow and the Post-Freudian Revolution. London: Gollancz

Anmerkungen

1. Was ist ein Ufo?

1 Hynek 1978: 30 und 34

2. Das Ufo-Phänomen in Amerika

1 Berlitz 1977: 18
2 Kusche 1980: 30
3 Morrison o.J.: 461
4 Cressy 1984: 529
5 Billig 1982: 55
6 Starkey 1949; Konig 1979
7 Middelkauf 1971: 149–154
8 Demos 1983
9 Demos 1983: 378
10 Bergier 1980: 94
11 Billig 1982: 59–63
12 Keel 1973: 70
13 Keel 1983a: 70
14 Sachs 1980: 23; Keel 1975: 13
15 Sachs 1980: 177
16 Keel 1973: 78
17 Keel 1973: 89
18 Fort 1974: 469
19 Billig 1982: 66
20 Keel 1973: 82
21 Billig 1982: 65
22 Fort 1974: 468
23 Keel 1973: 94–103; Fort 1974: 470
24 González 1981: 18
25 Keel 1973: 171
26 Keel 1973: 80
27 Keel 1973: 81 und 94
28 Keel 1973: 81
29 Keel 1973: 81
30 Keel 1973: 89f.
31 Michell 1983: 6
32 Keel 1973: 127
33 Cantril 1966
34 Rhine 1968: 594
35 Watson 1985: 42f.
36 Watson 1987b: 30
37 Liljegren 1986
38 Sachs 1980: 207
39 Billig 1982: 72
40 Keel 1983b: 55
41 Seesslen 1980
42 Billig 1982: 72
43 Billig 1982: 73
44 Billig 1982: 73
45 Billig 1982: 74
46 Jacobs 1987: 51
47 Billig 1982: 74
48 Keel 1973: 48
49 Billig 1982: 70
50 Sachs 1980: 361f.
51 Condon 1969: 515
52 Hynek 1978: 183
53 Sachs 1980:4
54 Condon 1969: 536
55 Sachs 1980: 2f.
56 Billig 1982: 78
57 Condon 1969: 525
58 Billig 1982: 78
59 Sachs 1980: 213
60 Billig 1982: 82
61 Spencer 1985: 27
62 Vallee 1974
63 Lorenzen 1974: 143–158
64 Spencer 1985; Ribera 1981: 17; Hopkins 1982: 30; Gansberg 1981: 17; Bowen 1974: 239;

Hynek 1974: 197; Sachs 1980: 216
65 Hynek 1974: 197
66 Bowen 1974: 200–238
67 Ribera 1984: 195; Sachs 1980: 355
68 Sachs 1980: 277
69 Sachs 1980: 111
70 Sachs 1980: 112
71 Hynek 1974: 261
72 Hynek 1978: 201–210
73 Condon 1969: 48
74 Norman 1984: 197
75 Däniken 1975
76 Ribera 1984: 54
77 Evans 1988: 168
78 Keel 1970, 1973 und 1975
79 Ribera 1984: 44–48
80 Keel 1975
81 Ribera 1984: 54–58
82 Holzer 1979
83 Kusche 1980
84 Mayor 1990
85 Billig 1982: 165
86 Ribera 1981: 155 ff.
87 Clark und Coleman 1978: 162 f.
88 Sachs 1980: 52
89 Keel 1983 a: 70
90 Sachs 1980: 210
91 Schuessler 1981
92 Buttler 1986
93 Hopkins 1982: 232–253
94 Stringfield 1987
95 Cordon 1987
96 CENAP-Report 124, 1986: 40
97 Walsh 1988
98 Stillings 1987: 88
99 Peiniger 1990

3. Unheimliche Begegnungen der vierten Art

1 Billig 1982: 24
2 Spencer 1985
3 Strieber 1987
4 Billig 1982: 15
5 Evans 1987 b: 74
6 Hynek 1974: 28
7 Hynek 1974: 29
8 Strieber 1988: 36
9 Cashman 1967: 5
10 Hynek 1974: 29
11 Groote 1985: 35
12 Bord 1988: 141
13 Strieber 1987: 27 und 32
14 Randles 1983: 110
15 Billig 1982: 240
16 Strieber 1987: 11
17 Evans 1980: 6
18 Chapman 1987: 75
19 Smith 1987: 102
20 Ribera 1981: 335
21 Holzer 1979: 200–244
22 Ribera 1981: 335
23 Hopkins 1987
24 Méheust 1987: 357
25 Stillings 1987: 88
26 Hopkins 1982: 72
27 Hopkins 1982: 176
28 Sachs 1980: 242
29 Devereux 1982: 79
30 Hall, McFeathers und Loftus 1987: 7
31 Ribera 1981: 117 ff.
32 Billig 1982: 28
33 Gansberg 1981: 135
34 Gansberg 1981: 145
35 Spencer 1985
36 Gansberg 1981: 141–143
37 Gansberg 1981: 147
38 Gansberg 1981: 146
39 Gansberg 1981: 136–139
40 vgl. MacManus 1959: 23
41 Gansberg 1981: 171 f.
42 Sachs 1980: 242
43 Sachs 1980: 292
44 Strieber 1987: 304
45 Cox 1987
46 Strieber 1987 und 1988

47 Walton 1978
48 Billig 1982: 28
49 Gansberg 1981: 107
50 Gansberg 1981: 175–183
51 Walter 1988
52 Gansberg 1981: 177
53 Gansberg 1981: 175
54 Gansberg 1981: 172
55 Méheust 1987: 357
56 Sachs 1980; 218
57 Gansberg 1981: 17–21
58 Peiniger 1987: 168
59 Peiniger 1987: 171; Spencer 1985
60 Strieber 1987: 286
61 Sachs 1980: 241
62 Sachs 1980: 241; Ribera 1981: 78–88
63 Cashman 1967: 5
64 Strieber 1988: 242
65 Strieber 1988: 243
66 Ribera 1981: 117–154
67 Devereux 1982: 84
68 Baghun 1982
69 Köhler 1983: 10
70 Hopkins 1982: Kapitel 6
71 Döbel 1966: 68
72 Buttlar 1989
73 Brednich 1990: 124
74 Hall 1988: 45 und 299
75 Magin 1990

4. Erklärungen und Theorien

1 Rickard 1987a
2 Vallee 1988: 16
3 vgl. Keel 1983
4 Adamski 1955; Sachs 1980: 2; Keel 1973: 197
5 Hopkins 1982
6 Hopkins 1982: 232
7 Klass 1988
8 Devereux 1982: 57
9 Jacobs 1987
10 Rickard 1987b: 69
11 Bord 1988: 173
12 Keel 1973: 176
13 u. a. Ribera 1987a: 236; Lorenzen 1974: 161
14 Sachs 1980: 87
15 Michell und Rickard 1979: 249
16 Thomas 1980; 731
17 vgl. Alvey 1981: 1335
18 Robertson 1977: 5
19 Robertson 1977: 14 und 25
20 Agricola 1967: 176
21 Agricola 1967: 187
22 Thomas 1980: 727
23 Evans 1980: 8
24 Strieber 1987: 247
25 Bonin 1981: 247; Thomas 1980: 529
26 Bonin 1981: 228; Demos 1983: 136
27 Billig 1982: 102
28 Billig 1982: 115
29 McClure 1987: 100
30 Bauer und Dümotz 1985: 412
31 Bonin 1981: 374
32 Bonin 1981: 374
33 Moody 1977
34 Rickard 1987b
35 Vonnegut 1985: 165
36 Rheinpfalz, 27. 7. 1978
37 Hopkins 1982
38 Davis 1988
39 Evans 1988: 158
40 Keel 1973: 241
41 Holzer 1979: 174 ff.
42 McClure 1987: 100
43 Keel 1973: 255–264
44 McClure 1987: 195
45 Dash 1987: 22
46 McClure 1987: 195; Evans 1988: 163
47 Clark und Coleman 1984: 4
48 Jung 1981
49 Jaffé 1971: 337
50 Jung 1981: 676

51 Schoenherr 1984
52 Spencer 1985: 26
53 Bord 1988: 141
54 Billig 1982: 26
55 Peiniger 1987: 25
56 Evans 1980: 8
57 Evans 1987b: 71
58 Die Rheinpfalz, 19. 4. 1982
59 Vincente 1987: 41
60 Evans 1988: 160
61 Spencer 1985: 27f.
62 Westrum 1983: 35
63 z. B. Steward 1983; Miller,
   Mietus und Mathers 1978
64 Billig 1982
65 Rickard 1985: 33
66 Beer 1986: 30
67 Sachs 1980: 291–293
68 Smith 1987: 102
69 Klass 1988
70 Cox 1987
71 Der Spiegel, 24. 4. 1978: 52
72 Der Spiegel, 5. 9. 1983: 219
73 Michell 1986; Larkman und
   Heselton 1985
74 Michell 1986: 27; Watkins
   1925
75 Michell 1986: 28
76 Condon 1969: 533
77 Devereux 1982 und 1990
78 Devereux 1982
79 Devereux 1986: 58
80 Devereux 1988: 6
81 vgl. Rutkowski 1987: 276
82 Persinger 1983
83 Persinger 1984: 52
84 vgl. Friedrich 1989; Vita-Finzi
   1989
85 Fort 1974: 3
86 Fort 1974: 993
87 Fort 1974: 863
88 Fort 1974: 857
89 vgl. Knight 1970; Dash 1988
90 Fort 1974: 313
91 Keel 1973: 9

92 Keel 1983a: 3
93 Clark und Coleman 1984: 152
94 Vallee 1987: 245
95 Strieber 1987: 245
96 Strieber 1987. 245
97 Strieber 1987: 246
98 Evans 1988: 161
99 Evans 1988: 163
100 Gonzáles 1981: 18
101 Evans 1980: 8
102 Schatt 1976: 83
103 Condon 1969: 357
104 Strieber 1987
105 Randles 1988: 5
106 Buckner 1968: 225
107 vgl. Catton 1968
108 Hutten 1982
109 Festinger 1959: 152
110 Festinger 1959: 163
111 Festinger 1959: 243
112 Festinger 1959: 216
113 Keel 1973: 276
114 Smith o.J., Bord 1972

5. *Die Bedeutung der CE IV-Erfahrung*

1 Jung 1971: 164
2 vgl. Meurger und Gagnon
   1988: 22–30
3 Billig 1982: 131
4 Sachs 1980: 196; Keel 1975
5 Rojcewicz 1987
6 Bord 1984: 112–126
7 Lester 1985: 10f.
8 Clark und Coleman 1984: 157
9 Clark und Coleman 1984: 157
10 Randles 1983: 147
11 Strieber 1987: 265
12 Clark und Coleman 1984: 158
13 Clark und Coleman 1984: 159
14 Brodu 1984
15 Lévi-Strauss 1968: 166
16 Lester 1984

17 Lester und Grimshaw 1976
18 Bord 1985: 169–196
19 nach Lester 1984: 13 f.
20 Billig 1982: 2 f.
21 Giesen 1984: 21
22 Méheust 1987: 355
23 Devereux 1982: 14
24 Devereux 1982: 204
25 Schuessler 1981: 3
26 dazu: Jung 1958: 136
27 Strieber 1987: 279
28 Méheust 1987: 356
29 Walter 1988
30 Bord 1972; Smith o.J.; Der
   Spiegel, 28.10.1985
31 Blackmore 1988: 46
32 James 1929: 246

33 Wilson 1972: 16
34 Maslow 1977: 237
35 Hardy 1981: 49
36 Méheust 1987: 358
37 Berger 1969: 124
38 Jung 1981: 675
39 Hexenbuhlschaft und Nacht-
   flug, vgl. dazu Vallee 1989: 86
40 vgl. Evans 1987a: 11
41 Berger 1979: 105
42 McClure 1987: 114
43 vgl. Cashman 1968
44 Berger 1979: 55
45 Jaffé 1971: 216
46 Golowin 1967
47 Méheust 1987: 356
48 Berger 1979: 105

Aberglaube – Mythos – Wissenschaft

Uwe Schultz (Hrsg.)
Scheibe, Kugel, Schwarzes Loch
Die wissenschaftliche Eroberung des Kosmos
1990. 360 Seiten, 63 Abbildungen. Gebunden

Villy Sørensen
Apolls Aufruhr
Die Geschichte der Unsterblichen
1991. 152 Seiten. Leinen

Veena Kade-Luthra (Hrsg.)
Sehnsucht nach Indien
Ein Lesebuch von Goethe bis Grass
1991. Etwa 250 Seiten. Paperback
Beck'sche Reihe Band 450

Cagliostro
Dokumente zu Aufklärung und Okkultismus
Herausgegeben von Klaus Kiefer
1991. Etwa 770 Seiten mit 32 zeitgenössischen Abbildungen. Leinen
Bibliothek des 18. Jahrhunderts

Brian M. Fagan
Aufbruch aus dem Paradies
Ursprung und frühe Geschichte der Menschen
1991. Etwa 240 Seiten, 42 Abbildungen im Text 32, davon auf Tafeln.
Gebunden

Urs Bitterli
Die Entdeckung Amerikas
Von Kolumbus bis Alexander von Humboldt
1991. Etwa 552 Seiten, 50 Abbildungen. Leinen

Verlag C. H. Beck München